El gerente:
estratega y líder del cambio

Diseño de tapa:
EL OJO DEL HURACÁN

SANTIAGO C. LAZZATI

El gerente:
estratega y líder del cambio

Más allá de la gestión operativa

GRANICA

ARGENTINA - ESPAÑA - MÉXICO - CHILE - URUGUAY

© 2015 *by* Ediciones Granica S.A.

ARGENTINA
Ediciones Granica S.A.
Lavalle 1634 3º G / C1048AAN Buenos Aires, Argentina
granica.ar@granicaeditor.com
atencionaempresas@granicaeditor.com
Tel.: +54 (11) 4374-1456 Fax: +54 (11) 4373-0669

MÉXICO
Ediciones Granica México S.A. de C.V.
Valle de Bravo N° 21 El Mirador Naucalpan Edo. de Méx.
(53050) Estado de México - México
granica.mx@granicaeditor.com
Tel.: +52 (55) 5360-1010 Fax: +52 (55) 5360-1100

URUGUAY
granica.uy@granicaeditor.com
Tel: +59 (82) 413-6195 FAX: +59 (82) 413-3042

CHILE
granica.cl@granicaeditor.com
Tel.: +56 2 8107455

ESPAÑA
granica.es@granicaeditor.com
Tel.: +34 (93) 635 4120

www.granicaeditor.com

Lazzati, Santiago C.
  El gerente : estratega y líder del cambio : más allá de la
gestión operativa / Santiago C. Lazzati. - 1a ed . - Ciudad
Autónoma de Buenos Aires : Granica, 2015.
  224 p. ; 22 x 15 cm.

  ISBN 978-950-641-875-5

  1. Gestión Administrativa. I. Título.
  CDD 658.4

ÍNDICE

PRÓLOGO

El presente libro condensa lo más relevante de los trabajos de Santiago Lazzati sobre gestión de empresas, los cuales fueron desarrollados durante los últimos treinta años y publicados en numerosos libros y artículos. Santiago me brindó la oportunidad de conocer la gran mayoría de esos trabajos cuando los estaba terminando de pulir para su publicación. Toda la obra de Santiago tuvo un gran impacto en mi forma de pensar y actuar en las empresas. Le pido al lector que me permita contarle en este prólogo por qué fue así; creo que le será de utilidad.

La primera de las razones es que esos trabajos presentan claramente las relaciones entre los diversos conceptos tratados. Así, por ejemplo, quedan identificadas las relaciones entre la estructura organizativa y otros elementos de la organización: la estrategia, las personas, la información, los procesos gerenciales y operativos. De esta forma se puede comprender mejor cómo una acción, una "intervención" en un elemento, afecta a los otros elementos de la organización, y, por otro lado, de qué manera intervenciones en otros elementos pueden favorecer o dificultar la intervención bajo consideración. Esto hace patente que cuando actuamos en una empresa debemos tener un enfoque sistémico, es decir considerar los componentes del sistema y sus relaciones. Cualquier cambio en alguno de los componentes del sistema se verá afectado por cambios en otros componentes y tendrá efecto también sobre otros. Un cambio en la estructura puede ser el resultado de un cambio en la estrategia, requerir previamente medidas en materia de recursos humanos, de sistemas, y puede afectar a su vez a la estrategia, a las operaciones, etcétera. Este libro nos da una metodología concreta para identificar y analizar esas relaciones y para actuar en consecuencia.

La segunda razón es que el enfoque permite observar el bosque o los árboles según sea necesario. Cada componente de un sistema puede analizarse descomponiéndolo en los elementos que son parte de él o puede sintetizarse integrándolo con otros componentes para formar parte de un sistema mayor. Así vemos cómo pueden aplicarse los distintos conceptos a nivel de empresa, a nivel de parte de ella, o a un conglomerado de compañías. Tenemos cajas (unidades de análisis) dentro de cajas, dentro de cajas… Podemos definir el nivel de enfoque que necesitamos inicialmente y luego ampliarlo o reducirlo según se requiera.

La tercera razón es que, en lugar de abrumarnos con casos de su vasta experiencia, Santiago nos brinda la posibilidad de utilizar nuestras propias empresas como casos concretos, pues nos presenta actividades para facilitar la transferencia desde el campo conceptual al de la aplicación práctica concreta.

Además, muchos de los conceptos tratados resultan inspiradores para el hombre de acción. Es el caso del concepto de "negocio", que está presentado de un modo que nos permite identificar ciertos importantes asuntos que tienen características distintivas frente a otras cuestiones de la gestión.

Muy importante es que, más allá de ayudar a una persona a decidir y a actuar, los desarrollos de Santiago son de gran utilidad para potenciar la labor de un equipo de trabajo, al constituir un vocabulario y método de trabajo compartidos por sus miembros.

Hay otras razones, pero voy a pasar a la conclusión: Santiago nos brinda el marco conceptual necesario para enfrentar las cuestiones que plantea la gestión de empresas, permitiéndonos abordarlas al nivel pertinente e identificando y comprendiendo las relaciones claves. Incluso cuando profundicemos nuestros conocimientos sobre algún tema específico, por ejemplo el control de gestión (leyendo un libro, asistiendo a una exposición o viviendo una experiencia concreta), dispondremos del marco que nos permita integrar los nuevos conocimientos con lo ya conocido referido a ese tema y a otras cuestiones (sea la estrategia, la estructura, los procesos claves…) a nivel general y específico de una empresa. El libro nos proporciona una forma clara y práctica de organizar nuestros conocimientos actuales y futuros.

Quiero destacar que normalmente utilizo el marco conceptual de esta obra como un recurso para hacer "simulaciones mentales", a fin de reflexionar acerca de cómo una intervención sobre algún elemento o proceso puede impactar sobre el resto de las variables y cómo otros cambios pueden favorecer el cambio deseado.

Una advertencia: cuando Santiago escribe y relee lo escrito se esmera por cuidar el sentido de cada frase y la pertinencia de cada palabra, buscando obtener un texto breve, compacto y preciso. Para captar plenamente el significado del texto es necesario leerlo con cuidado y, a veces, volver atrás para releer los párrafos claves, algo que pocas veces hacemos los lectores de escritos sobre management, que frecuentemente son más extensos que lo necesario. El libro bien vale la atención que demanda.

No tengo dudas de que el lector sacará un gran provecho de la lectura y la realización de las actividades propuestas. Pienso que luego de una primera lectura del libro, el lector posiblemente decidirá "estudiarlo".

Edgardo A. Sanguineti

INTRODUCCIÓN

Convencionalmente, utilizo el término "gerente" en un sentido bien amplio: quien tiene a su cargo un área de responsabilidad, desde toda la organización tomada en conjunto hasta un pequeño sector o proyecto, y que, para ejercer su responsabilidad, también tiene personas a su cargo; vale decir que *es responsable del desempeño de su gente.* El concepto abarca al dueño que conduce su negocio, al gerente general de una empresa, a los gerentes funcionales o divisionales, al jefe de un sector, al encargado de un proyecto, etcétera.

Por otra parte, el "liderazgo" es el proceso por el cual una persona *influye* en otras para que se encaminen hacia el logro de objetivos comunes. El buen gerente debe ejercer un adecuado liderazgo sobre sus colaboradores. Pero el liderazgo no se circunscribe a esta relación. Bien puede ser a la inversa: que los colaboradores influyan sobre el jefe. Además, existe el liderazgo entre pares o en cualquier otro tipo de relación dentro de la organización, así como en muchos otros ambientes: la familia, el grupo de amigos o colegas, el deporte, etcétera. Asimismo, hay funciones gerenciales que *per se* no implican liderazgo; por ejemplo, controlar los resultados del sector a cargo sobre la base de un informe escrito. De lo antedicho surge que entre gerencia y liderazgo existe una suerte de solapamiento parcial: una parte de la gerencia requiere el ejercicio del liderazgo y una parte del liderazgo es ejercida por gerentes. A la zona en común la denomino "liderazgo gerencial".

En forma habitual, dentro de una organización, un gerente tiene las siguientes incumbencias:

- Conducir el área de responsabilidad a su cargo.
- Ejercer otras funciones que trascienden su área de responsabilidad, como participar en un proyecto especial, desarrollar ciertas actividades en la comunidad, etcétera.
- Contribuir a su autodesarrollo.

El gerente, en la conducción del área de responsabilidad a su cargo, ejerce cuatro roles, cualquiera sea su nivel jerárquico:

1. Operador: Actúa personalmente en la operación.
2. Administrador: Planifica, dirige, coordina y controla las tareas de otras personas en la operación, incluyendo especialmente a sus colaboradores. En tanto administrador, el gerente se basa en la arquitectura establecida, no crea ni modifica la arquitectura.
3. Arquitecto: Crea o modifica la arquitectura, compuesta por la estrategia, la estructura y los sistemas.
4. Humano: Se ocupa del desarrollo de las personas: su capacitación, su motivación, etcétera.

El rol de operador en sí no es gerencial; es una actividad que realiza un gerente al igual que los demás miembros de la organización. En cambio, los otros tres roles sí son gerenciales.

El liderazgo depende fundamentalmente del rol humano, pero también depende de los otros tres roles. El rol de arquitecto constituye la antesala intelectual de la influencia interpersonal. Asimismo, los demás roles inciden en cuanto al liderazgo; por ejemplo, la excelencia profesional de un gerente, puesta de relieve como operador, puede provocar la admiración de sus colaboradores, lo que afecta positiva-mente su liderazgo.

Cada uno de dichos roles requiere de importantes competencias diferenciales, además de las competencias comunes o transversales a los cuatro roles. Entre las competencias diferenciales cabe destacar el *know how* y la orientación al cliente en el rol de operador, la escrupulosidad y la orientación a resultados (rasgos de personalidad) en el rol de administrador, la capacidad de innovación en el rol de arquitecto, y los valores morales y la inteligencia emocional en el rol humano. En general, las competencias señaladas para el rol de operador conforman también los roles de administrador y arquitecto, así como las indicadas para el rol de administrador son aplicables para el rol de arquitecto.

Por otra parte, la importancia relativa de cada rol cambia en función de los distintos niveles jerárquicos de la organización. En general:

- La del rol de operador disminuye.
- La del rol de administrador aumenta en una primera etapa, pero luego disminuye para dar lugar a los roles crecientes de arquitecto y humano.
- La de los roles de arquitecto y humano se incrementa.

En las organizaciones puede observarse que en la mayoría de los casos los gerentes tienen un desempeño satisfactorio o más que satisfactorio en el ejercicio de los roles de operador y administrador, por diversas razones: porque los que son promovidos a gerentes en principio demostraron ser capaces como operadores; porque una porción significativa de la educación terciaria de los gerentes (contaduría pública, administración de empresas, ingeniería, etcétera) favorece el ejercicio del rol de administrador; porque en el mundo competitivo actual para sobrevivir es prácticamente indispensable cumplir con las funciones del administrador; etcétera. Sin embargo, creo que no ocurre lo mismo en cuanto a los roles de arquitecto y humano. En estos dos roles juegan condiciones personales que no son tan fáciles de encontrar o de aprender; por ejemplo, la capacidad innovadora respecto del rol de arquitecto y la inteligencia emocional respecto del rol humano. No son pocos los gerentes que tienen dificultades o limitaciones en tal sentido, unos para el rol de arquitecto y otros para el rol humano, e incluso algunos para ambos roles. El problema resulta más crítico debido a que, conforme señalé en el párrafo precedente, la importancia relativa de los roles de arquitecto y humano aumenta a medida que se escala en los niveles jerárquicos.

En mi actividad profesional como consultor y capacitador en temas de management y comportamiento humano, a lo largo de muchos años, le he prestado especial atención al fenómeno planteado en el párrafo precedente. En mis últimos libros me he referido principalmente al rol humano:

- En *El cambio del comportamiento en el trabajo* (Ediciones Granica, 2008).
- En dos libros de la colección "Management en Módulos", titulados: *Las conversaciones de trabajo* (Ediciones Granica, 2014) y *Competencias, cambio y coaching* (Ediciones Granica, 2015).

Con este libro intento abordar especialmente el rol de arquitecto. Su título, *El gerente: estratega y líder del cambio*, sintetiza la misión del arquitecto. Estoy convencido de que el tema es de vital importancia para el desarrollo gerencial.

En la *primera parte* del libro examino los roles y competencias del gerente, culminando con el capítulo que profundiza acerca del rol de arquitecto.

En la *segunda y tercera partes* desarrollo, respectivamente, las dos funciones fundamentales del rol de arquitecto: el planeamiento estratégico y la gestión del cambio organizacional. La idea central es que el gerente cumpla debidamente con su rol de arquitecto, en lugar de verse demasiado atrapado por lo operativo.

En la *cuarta parte* trato la aplicación a las pymes de los conceptos y técnicas precedentes. En sustancia, prácticamente todo el libro es aplicable también a la pequeña y mediana empresa.

Espero que la obra sea de agrado y de utilidad para el lector.

Santiago Lazzati

PARTE I

ROLES Y COMPETENCIAS DEL GERENTE

CAPÍTULO 1

GERENCIA Y LIDERAZGO - CONCEPTOS FUNDAMENTALES

Conceptos de gerencia y de liderazgo

Convencionalmente, utilizo el término "gerente" en un sentido bien amplio: quien tiene a su cargo un área de responsabilidad, desde toda la organización tomada en conjunto hasta un pequeño sector o proyecto, y que, para ejercer su responsabilidad, también tiene personas a su cargo; vale decir que *es responsable del desempeño de su gente*. El concepto abarca al dueño que conduce su negocio, al gerente general de una empresa, a los gerentes funcionales o divisionales, al jefe de un sector, al encargado de un proyecto, etcétera.

En sustancia, dicho concepto equivale al de "jefe". Algunas personas prefieren no usar esta palabra porque le asignan una connotación negativa. Sin embargo, la figura del jefe es a la vez una necesidad y una realidad de las organizaciones. Por su función, la persona que ejerce como jefe dispone de cierta autoridad sobre el resto de los miembros asignados a su área de responsabilidad, que por ello se denominan "colaboradores" o "subordinados".

Eso significa que el jefe tiene la última palabra en las decisiones que le competen, cualquiera sea la manera de tomarlas (participativa, directiva, entre otras). En correlación con su autoridad, el jefe es responsable frente a sus superiores de las actividades y resultados de las personas que conduce; tiene lo que en inglés se llama *accountability*. Su jerarquía se exterioriza también a través de otros elementos, como recursos disponibles, símbolos de estatus, formas de trato, etcétera.

Sin embargo, es válido extender el concepto de gerente a las personas que reúnen las características siguientes (aunque no tengan gente a su cargo):

• Administran recursos financieros, físicos o intangibles importantes.
• Para cumplir su función deben ejercer influencia significativa sobre otros miembros de la organización.

Por otra parte, "liderazgo" es el proceso por el cual una persona *influye* en otras para que se encaminen hacia el logro de objetivos comunes. El liderazgo depende de los atributos del líder, pero su ejercicio implica una relación entre el líder y el liderado, la cual depende también de la predisposición del liderado y de las condiciones de la situación. Si no media tal relación de influencia, no hay liderazgo.

Relación entre gerencia y liderazgo. Liderazgo gerencial

El buen gerente debe ejercer un adecuado liderazgo sobre sus colaboradores. Pero el liderazgo no se circunscribe a esta relación. Bien puede ser a la inversa: que los colaboradores influyan sobre el jefe. Además, existe el liderazgo entre pares o en cualquier otro tipo de relación dentro de la organización, así como en muchos otros ambientes: la familia, el grupo de amigos o colegas, el deporte, etcétera. Asimismo, hay funciones gerenciales que *per se* no implican liderazgo; por ejemplo, controlar los resultados del sector a cargo sobre la base de un informe escrito. De lo antedicho surge que entre *gerencia* y *liderazgo* existe una suerte de solapamiento parcial que refleja el gráfico presentado al inicio: una parte de la gerencia requiere el ejercicio del liderazgo y una parte del liderazgo es ejercida por gerentes. A la zona en común la denomino "liderazgo gerencial".

John P. Kotter, en su libro *La verdadera labor de un líder* (Norma, 1999), y en línea con lo dicho en obras anteriores, sostiene que gerencia y liderazgo son cosas distintas. Seguidamente transcribo dos párrafos ilustrativos del Capítulo 3 de esa obra:

> *Hablo de liderazgo como desarrollo de una visión y de unas estrategias, conseguir gente que pueda apoyar esas estrategias y delegar poder en unos individuos para que hagan realidad esa visión, a pesar de los obstáculos. Lo anterior contrasta con gerencia, que significa mantener funcionando el sistema existente, planeando, presupuestando, organizando, administrando personal, controlando y resolviendo problemas. El liderazgo se manifiesta a través de las personas y de la cultura. Es suave y cálido. La gerencia funciona a través de jerarquías y sistemas. Es más dura y más fría.*
>
> *No se trata de que lo que llamamos liderazgo sea bueno y lo que llamamos gerencia sea malo. Simplemente son dos cosas distintas que sirven para cosas distintas. El propósito fundamental de la gerencia es mantener funcionando el sistema existente. El propósito fundamental del liderazgo es producir un cambio útil, especialmente no cuantitativo.*

A continuación haré referencia a tres secciones del capítulo citado, donde Kotter analiza la distinción señalada.

> *1. Señalar un rumbo [LIDERAZGO] contra planear y presupuestar [GERENCIA]. Puesto que la función del liderazgo es la de producir cambio, señalar el rumbo de ese cambio es fundamental para liderar. Establecer el rumbo no es nunca lo mismo que planear, o incluso que planear a largo plazo, aunque frecuentemente la gente los confunde. La planeación es un proceso de gerencia,*

deductivo por naturaleza, destinado a producir resultados en un orden determinado, no cambio. Señalar un rumbo es algo más inductivo.

2. *Alinear gente [LIDERAZGO] contra organizar y nombrar personal [GERENCIA]. Cuando los gerentes "organizan", lo hacen para establecer sistemas capaces de poner en práctica un plan tan precisa y eficazmente como sea posible. Esto, generalmente, requiere tomar una serie de decisiones potencialmente complejas. (…) Tales decisiones se parecen mucho a las de un arquitecto. Se trata de encajar en un determinado contexto. (…)*

   Alinear gente es diferente. Es más un desafío comunicativo que un problema de diseño.

3. *Motivar gente [LIDERAZGO] contra controlar y resolver problemas [GERENCIA]. Por cuanto el cambio es la función del liderazgo, ser capaz de producir un desempeño altamente motivado es importante para entendérselas con las inevitables barreras que surgen frente al cambio. (…)*

   Conforme a la lógica de la gerencia, los mecanismos de control comparan el desempeño sistemático con el plan y actúan cuando se detecta una desviación.

Otros autores, como Warren Bennis, proponen la misma distinción.

En mi opinión, Kotter, en su afán por resaltar el liderazgo, lo separa totalmente de la gerencia, limitando artificialmente el alcance de esta. Concibe una gerencia "con minúscula". Creo que la gerencia bien entendida, "con mayúscula", comprende el liderazgo gerencial. Comparto la caracterización y la valoración del liderazgo que propugna Kotter, pero no estoy de acuerdo con su definición acotada de la gerencia. Mi enfoque está completamente en línea con lo que sostiene Henry Mintzberg en su excelente libro *Directivos, no MBAS* (Deusto, 2005): *se ha puesto de moda distinguir dirección y liderazgo. Se supone que el liderazgo es algo más grande, más importante. Rechazo dicha distinción, simplemente porque los directivos tienen que liderar y los líderes tienen que di-*

rigir. La dirección sin liderazgo es estéril; el liderazgo sin dirección está desconectado y fomenta la fatuidad. Cabe aclarar que la traducción del texto de Mintzberg emplea la palabra "dirección" como sinónimo de "gerencia" (management). Con la separación que hace Kotter sería razonable sostener que determinada persona es un buen gerente a pesar de ser un mal líder. En cambio, si se parte del concepto de liderazgo gerencial, un mal líder estaría lejos de ser un buen gerente.

Responsabilidad del gerente

En forma habitual, dentro de una organización, un gerente tiene las siguientes incumbencias:

- Conducir el área de responsabilidad a su cargo.
- Ejercer otras funciones que trascienden su área de responsabilidad, como participar en un proyecto especial, desarrollar ciertas actividades en la comunidad, etcétera.
- Contribuir a su autodesarrollo.

Con relación a la primera de dichas responsabilidades es interesante identificar los roles del gerente. Una manera de hacerlo es en función de su campo de acción, que está dado por el mapa de la organización. Por ello, primero en el capítulo siguiente trataré dicho campo de acción, utilizando cierto modelo de análisis organizacional; y luego, en el capítulo subsiguiente, sobre la base de este modelo incursionaré en los roles del gerente.

AUTOEVALUACIÓN
DEL EJERCICIO DEL LIDERAZGO

Basado en los "10 compromisos del liderazgo", extraídos del libro El desafío del liderazgo, *de Jim Kouzes y Barry Posner (Ediciones Granica, 1997).*

Este instrumento indica 10 comportamientos de liderazgo. Para cada afirmación le pedimos que responda a la pregunta siguiente:

¿En qué medida estoy ejerciendo debidamente los comportamientos indicados? Siendo 5 la medida más alta y 1 la más baja.

Por favor, conteste colocando una tilde o marca en la columna correspondiente del sector derecho del cuestionario.

COMPORTAMIENTOS DEL LIDERAZGO	Medida				
	1	2	3	4	5
1. Busco oportunidades que representen el desafío de cambiar, crecer, innovar y mejorar.					
2. Experimento, corro riesgos y aprendo de los errores que se producen.					
3. Imagino un futuro edificante y ennoblecedor.					
4. Reúno a otros en torno a una visión común apelando a sus valores, intereses, esperanzas y sueños.					
5. Fomento la colaboración mediante la promoción de metas cooperativas y la generación de confianza.					
6. Fortalezco a las personas mediante la cesión de poder, la posibilidad de elección, el desarrollo de la competencia, la adjudicación de tareas críticas y el ofrecimiento de apoyo.					

COMPORTAMIENTOS DEL LIDERAZGO *(Continuación)*	Medida				
	1	2	3	4	5
7. Doy el ejemplo comportándome en forma coherente con los valores compartidos.					
8. Obtengo pequeños triunfos que promueven el progreso firme y generan compromiso.					
9. Reconozco las contribuciones individuales al éxito de cualquier proyecto.					
10. Celebro los logros del equipo en forma regular.					

CAPÍTULO 2

CAMPO DE ACCIÓN DEL GERENTE

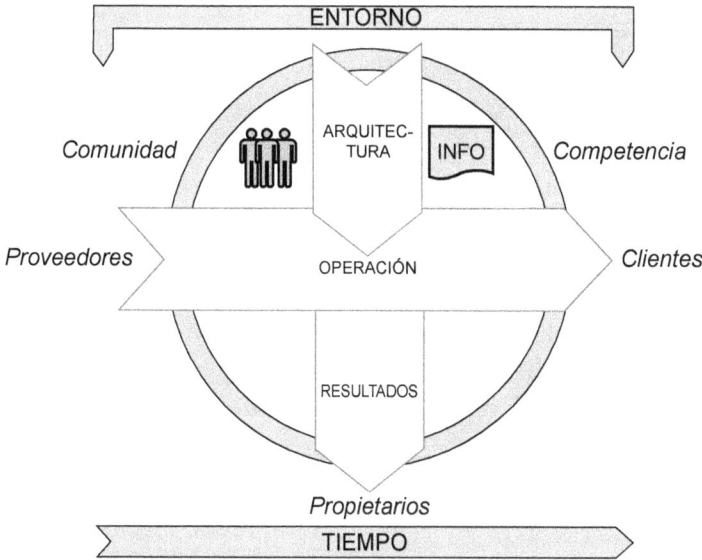

En el capítulo precedente establecí un concepto de gerente, traté la relación entre la gerencia y el liderazgo y enuncié
las responsabilidades del gerente, que incluyen la conducción del área de responsabilidad a su cargo. En este capítulo
enfocaré el campo de acción del gerente como plataforma
para identificar sus roles en dicha conducción, tema este
del próximo capítulo.

Para explorar este campo de acción haré una síntesis
del Modelo de Análisis Organizacional (MAO) que vengo
utilizando desde hace más de veinte años, y que he tratado de ir mejorando a lo largo del camino. Una versión
anterior del modelo fue publicada en el Apéndice del
libro *El cambio del comportamiento en el trabajo* (Ediciones
Granica, 2008).

Cabe destacar que, a principios de la década de los '90, sendas versiones originales de este modelo fueron adoptadas por Arthur Andersen a nivel mundial:

- Para la práctica de auditoría, como un *Business analysis framework* a emplear en la primera fase, *Understand the Business*, de la metodología oficial *The Business Audit*.
- Para la práctica de consultoría, como un *Organization Analysis Model* aplicable a las distintas áreas de la práctica, a fin de que todos los integrantes desarrollen un enfoque sistémico de la organización, más allá de su especialidad. El modelo fue especialmente incluido en un curso de aplicación *firm wide* titulado *Designing effective solutions*.

Modelo de Análisis Organizacional (MAO)

El Modelo de Análisis Organizacional comprende tres niveles:

I. El primer nivel analiza los *elementos* de la organización, de su entorno y de su evolución en el tiempo, yendo de lo general a lo particular. Además, señala las mutuas relaciones entre dichos elementos. Aquí el enfoque es puramente descriptivo, no evaluativo.

II. El segundo nivel trata la *evaluación del funcionamiento* de la organización. Comprende técnicas de diagnóstico (entrevistas, reuniones, encuestas, etcétera) e instrumentos que facilitan la evaluación.

III. El tercer nivel consiste en un mapa de las *intervenciones* (acciones específicas) que pueden llevarse a cabo para mejorar la organización.

Haciendo cierta analogía entre la organización y el cuerpo humano, podemos decir que dichos niveles equivalen, respectivamente, a la "anatomía", el "chequeo de la salud" y la "terapia" de la organización.

En la sección siguiente me concentraré en la anatomía, que abarca no solo la organización en sí, sino también su entorno y su evolución en el tiempo.

Anatomía de la organización

El *entorno* comprende:

- El *macroentorno* mundial, nacional o regional, referente a los factores económicos, políticos, legales, sociales, culturales, demográficos y tecnológicos que afectan o pueden afectar a la organización.
- El *ramo del negocio* de la organización, con su mercado actual y potencial, sus rasgos económicos (costos, márgenes, etcétera), sus características tecnológicas, sus condiciones competitivas, sus regulaciones, etcétera.
- Los *actores cercanos*: los clientes u otros usuarios de los servicios de la organización, los propietarios de la organización (accionistas u otros), los proveedores de los recursos de la organización, la comunidad (gobierno, organismos de control, sindicatos, cámaras, entidades educativas, etcétera) y los competidores.

La *evolución en el tiempo* recorre el pasado, el presente y el futuro, incluyendo:

- La *historia* de la organización, que nos habla de su nacimiento y desarrollo, de sus hitos vitales, de sus

crisis y de cómo se superaron. En general, el conocimiento de la historia es relevante para comprender mejor la configuración de los elementos actuales.
- La *visión* que los miembros de la organización tienen acerca de su situación futura.

La *organización en sí* se compone de los siguientes elementos básicos, agrupados en función de su naturaleza:

1. Los *recursos operativos*, tangibles (financieros y físicos) e intangibles (tecnología, marcas y patentes, posición en el mercado, clientela, acceso a proveedores, etcétera).
2. Los *procesos operativos*, que abarcan dos tipos de actividades:
   - Las primarias, constituidas por la logística de entrada (incluye el abastecimiento), la producción, la prestación de servicios, la logística de salida y la comercialización (marketing y ventas).
   - Las de apoyo, inherentes a la investigación y desarrollo, la administración general (incluye la contabilidad y los impuestos), las finanzas, los recursos humanos, la informática, el aseguramiento de la calidad, los asuntos legales, la auditoría, etcétera.
3. Los *productos de la operación*, o sea los bienes tangibles y los servicios que se brindan a los clientes.
4. Las *personas*:
   - Los directores y gerentes.
   - El personal interno de la organización que no reúne la condición de director o gerente.
   - Otras personas: consultores, personal contratado temporalmente, etcétera.
   El enfoque de las personas remite a su *comportamiento,* que depende de lo siguiente:

- Las *características personales*, que intervienen en las competencias y la motivación, que a su vez influyen sobre el desempeño de las personas (comportamientos y resultados).
- Las *características sociales*, referentes al ejercicio del poder, al liderazgo, a la comunicación, al trabajo en equipo y al clima de las relaciones interpersonales e intergrupales.
- La *cultura* de la organización, que se manifiesta a través de comportamientos predominantes que configuran la manera de hacer las cosas, en lo cual subyacen valores y creencias compartidos.

5. La *información*, referente a la organización o su entorno, de tipo sistemático o circunstancial, destinada a los miembros de la organización o a ciertos actores del entorno.
6. La *estrategia*, compuesta por la misión, la visión, los valores, los objetivos o metas y las estrategias.
7. La *estructura*, en el sentido de la estructura organizativa, que suele sintetizarse en el organigrama.
8. Los *procesos gerenciales*:
   - El planeamiento estratégico.
   - La gestión de los recursos humanos.
   - El planeamiento y control de las operaciones.
   - La gestión del riesgo.
   - La gestión del conocimiento.
   - La gestión del cambio.
   - La gestión de los proyectos.
9. Los *resultados*, que representan el impacto del entorno y de las actividades de la organización sobre los recursos.

Sendos grupos de ciertos elementos básicos integran respectivamente dos conceptos abarcativos:

- La *operación*, que comprende los recursos operativos, los procesos operativos y los productos que se brindan a los clientes (indicados en 1, 2 y 3, respectivamente).
- La *arquitectura*, compuesta por la estrategia (indicada en 6), la estructura (indicada en 7) y los sistemas.

Los *sistemas* están formados por el diseño y la normativa de los procesos, incluyendo la tecnología y demás recursos aplicados, así como también por los productos resultantes. Los sistemas incluyen las políticas, los procedimientos establecidos, el hardware, el software, la forma y el contenido de la información, etcétera. Dentro de los procesos cabe diferenciar:

- Los gerenciales (indicados en 8).
- Los operativos (indicados en 2).
- Los de información (indicados en 5), que alimentan a los gerenciales y los operativos. Aquí es importantísima la tecnología informática.

Si los sistemas o procesos se asocian con los respectivos campos de aplicación, los elementos de la organización pueden reclasificarse de la siguiente manera:

- Operación (recursos, procesos y productos / incluye los sistemas operativos).
- Personas / comportamientos / gestión de los recursos humanos.
- Información / sistema de información / tecnología informática.
- Estrategia / planeamiento estratégico.
- Estructura.
- Planeamiento y control de las operaciones y otros sistemas gerenciales.
- Resultados.

Aplicación del modelo

El análisis de los elementos de la organización indicado precedentemente es aplicable a la organización tomada en conjunto. Pero cabe destacar que también es aplicable integralmente a cualquier sector de la organización, se trate de una unidad de negocios, una división o departamento, un grupo de trabajo, etcétera.

Encarado un sector en particular, este habrá de tener su entorno y su evolución en el tiempo. El entorno viene dado no solo por el de la organización total, sino también por la parte de la organización externa al sector enfocado. El macroentorno y el ramo del negocio influyen sobre el sector. Y lo mismo ocurre con los propietarios y la comunidad. El sector tiene proveedores, competidores y clientes, ya sean internos o externos respecto de la organización.

El sector tiene su operación (recursos, procesos y productos), sus personas, su información, su arquitectura (estrategia, estructura y sistemas) y sus resultados. Su management reporta a un management superior dentro de la organización, y su desempeño habrá de contribuir al desempeño global de la organización.

Le otorgo una gran importancia al hecho de que el modelo es aplicable a cualquier sector de la organización. Esta aplicación permite que sea un instrumento valioso para todos los gerentes. Se procura que el gerente preste la debida atención a cada uno de los elementos a su cargo.

Lo antedicho no significa, de manera alguna, que se enfoque al resto de la organización como algo ajeno al sector. Muy por el contrario, el sector debe integrarse al resto de la organización; los objetivos y las acciones del sector deben alinearse con los objetivos y las acciones de superiores y pares; los clientes internos del sector deben encararse como eslabones de una cadena que apunta a los clientes externos de la organización, etcétera.

IDENTIFICACIÓN DE LA ANATOMÍA DE MI ÁREA DE RESPONSABILIDAD (AR)

Identificar los elementos principales que componen la anatomía de mi AR. Para ello responder a las preguntas que figuran a continuación. No se trata de evaluarlos, sino solamente de identificarlos.

A. RECURSOS OPERATIVOS

¿Cuáles son los principales recursos operativos (tangibles e intangibles) de mi AR?

B. PROCESOS OPERATIVOS

¿Cuáles son los procesos operativos fundamentales de mi AR?

C. PRODUCTOS DE LA OPERACIÓN

¿Cuáles son los principales productos (bienes tangibles y servicios) y clientes de mi AR?

D. PERSONAS / COMPORTAMIENTOS / GESTIÓN DE LOS RECURSOS
HUMANOS

¿Quiénes son los colaboradores que me reportan directamente?

¿Cuáles son las principales políticas y prácticas de la gestión
de los recursos humanos que más afectan la situación de las
personas que pertenecen a mi AR?

Contestar solo si no tengo gente a cargo
¿Quiénes son las personas que no son colaboradores míos
sobre las cuales debo ejercer influencia significativa para
realizar debidamente mi trabajo?

E. INFORMACIÓN / SISTEMA DE INFORMACIÓN / TECNOLOGÍA
INFORMÁTICA

¿Cuál es la información fundamental que utilizo para ejercer debidamente mis funciones?

F. ESTRATEGIA / PLANEAMIENTO ESTRATÉGICO

¿Cuáles son los elementos fundamentales de la estrategia de mi AR?

¿Cómo es el proceso de planeamiento estratégico (participantes, metodología, frecuencia, etcétera) de mi AR?

G. ESTRUCTURA

¿Cómo es la estructura organizativa de mi AR?

H. PLANEAMIENTO Y CONTROL DE LAS OPERACIONES

¿Cómo son los aspectos salientes (definición de objetivos, control de resultados, etcétera) del proceso de planeamiento y control de las operaciones de mi AR?

¿Cuál es la relación entre dicho proceso y el sistema de evaluación de mi desempeño y el de mis colaboradores?

I. OTROS PROCESOS GERENCIALES

¿Qué otros procesos gerenciales importantes forman parte de la gestión de mi AR? *(pueden ser gestión del riesgo, gestión del conocimiento, gestión del cambio y gestión de proyectos).*

J. RESULTADOS

¿Cuáles son los resultados claves de mi AR? *(pueden ser inherentes a la rentabilidad, al flujo de fondos, al crecimiento, etcétera).*

CAPÍTULO 3

ROLES DEL GERENTE EN LA CONDUCCIÓN DE SU ÁREA DE RESPONSABILIDAD (AR)

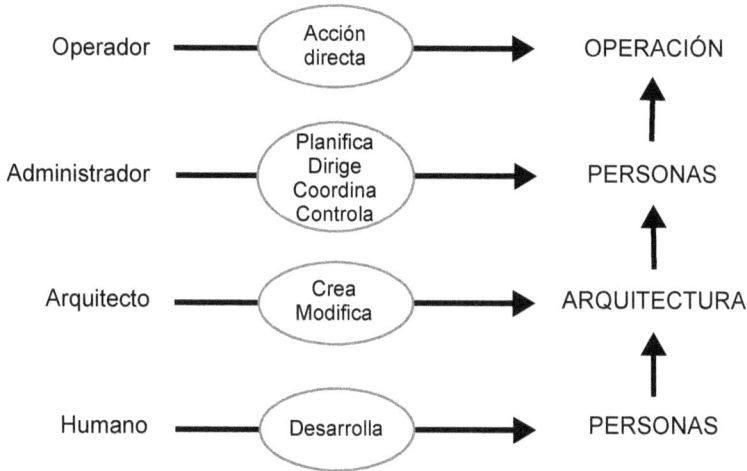

Operador	Acción directa	OPERACIÓN
Administrador	Planifica Dirige Coordina Controla	PERSONAS
Arquitecto	Crea Modifica	ARQUITECTURA
Humano	Desarrolla	PERSONAS

En el Capítulo 1 definí convencionalmente que, en un sentido bien amplio, gerente es quien tiene a su cargo un área de responsabilidad, desde toda la organización tomada en conjunto hasta un pequeño sector o proyecto, y que, para ejercer su responsabilidad, también tiene personas a su cargo; vale decir que *es responsable del desempeño de su gente.* El concepto abarca al dueño que conduce su negocio, al gerente general de una empresa, a los gerentes funcionales o divisionales, al jefe de un sector, al encargado de un proyecto, etcétera. En el Capítulo 2 exploré el campo de acción del gerente con respecto a la conducción de su área de responsabilidad (AR), lo cual incluye el análisis de los elementos que componen la organización o un sector de ella (la anatomía de la organización). En este capítulo identificaré los roles del gerente en dicha conducción, en función del elemento de la organización que constituye el principal objeto de su actividad:

1. Operador - Actúa personalmente en la operación.
2. Administrador - Gestiona la operación a través de otras personas, incluyendo especialmente sus colaboradores.
3. Arquitecto - Crea o modifica la arquitectura.
4. Humano - Se ocupa del desarrollo de las personas.

El rol de operador en sí no es gerencial; es una actividad que realiza un gerente al igual que los demás miembros de la organización. En cambio, los otros tres roles sí son gerenciales.

A continuación haré un resumen de cada uno de estos cuatro roles.

Rol de operador

Cuando el gerente actúa como operador, interviene personal y directamente en la operación, realizando actividades en el campo funcional o técnico.

El rol de operador ofrece dos aspectos principales: la especialización acerca de la función en sí y la orientación al cliente (externo o interno), que es la finalidad de toda operación. Este segundo aspecto incluye prestarle atención al cliente actual o potencial y brindar un servicio que responda a sus expectativas.

Rol de administrador

Como administrador, el gerente planifica, dirige, coordina y controla las tareas de las personas en la operación. Su campo de acción es la operación, pero ejerce su rol a través de otros. Además, su meta es el logro de resultados, lo que incluye la gestión económica y financiera.

En tanto administrador, el gerente se basa en la arquitectura establecida; no crea ni modifica la arquitectura (función que asigno al rol de arquitecto). Por otra parte, excluye la intervención personal y directa en la operación (que asigno al rol de operador).

La aplicación del planeamiento y control de las operaciones, de acuerdo con el sistema diseñado, corresponde al rol de administrador.

Rol de arquitecto

En su carácter de arquitecto, el gerente crea o modifica la arquitectura:

- Elabora la estrategia de la organización o del sector.
- Alinea al resto de la organización o del sector con la estrategia, lo cual implica el diseño de la estructura y el desarrollo de sistemas.

El gerente realiza su tarea de arquitecto personalmente o a través de los colaboradores.

El planeamiento estratégico y la gestión del cambio son aplicables al rol de arquitecto. En la elaboración de la estrategia se enfoca primordialmente en el entorno. En el alineamiento del resto de la organización con la estrategia profundiza la atención en los aspectos internos de la organización.

Rol humano

En este rol el gerente interactúa con las personas a fin de contribuir a su desarrollo (aprendizaje y motivación); incluye las siguientes funciones:

- Ejercer el liderazgo gerencial en cuanto a la estrategia de la organización y del AR a su cargo.
- Ejercer el liderazgo gerencial en torno a la tarea de sus colaboradores: brindar orientación, apoyo, feedback, coaching, etcétera.
- "Gerenciar gerentes": monitorear y apoyar el desempeño de los colaboradores como gerentes de sus propios colaboradores (en la medida en que sea aplicable).
- Liderar el clima y la cultura de su sector.
- Desarrollar el trabajo en equipo.
- Desempeñar las funciones correspondientes de gestión de recursos humanos (reclutamiento, capacitación y desarrollo, evaluación del desempeño, etcétera).

En gran medida, el rol humano se practica "a caballo" de los otros roles del gerente. Por ejemplo, la supervisión de las tareas de sus colaboradores corresponde al rol de administrador, pero la manera en que lo hace (si brinda coaching, si da el feedback adecuado, si motiva o desmotiva, etcétera) pertenece al rol humano.

Una aclaración importante: el desarrollo de sistemas correspondientes a la gestión de los recursos humanos lo ubico en el rol de arquitecto. Limito el rol humano a la interacción personal.

Funciones transversales

En el análisis de los cuatro roles indicados hay que tener en cuenta ciertas funciones "transversales" que son comunes a todos ellos:

- La gestión de la información y la comunicación en todos los sentidos.

- La resolución de problemas y la toma de decisiones.
- La delegación de funciones y tareas, fundamentalmente en sus colaboradores.
- La de "integrador", que comento a continuación.

La función de integrador atañe principalmente a la relación del gerente con sus superiores y pares y otros miembros de la organización. Se trata de la integración entre, por un lado, las decisiones del gerente y sus colaboradores y, por otro lado, las decisiones de las demás personas de la organización. En este orden, cabe destacar las siguientes tareas:

- En el rol de administrador, el alineamiento de los objetivos, las estrategias y los planes de acción del AR del gerente con los objetivos, las estrategias y los planes de acción de las otras AR y de la organización tomada en conjunto. Aquí son aplicables los principios y procedimientos de la administración o gestión por objetivos.
- En el rol de arquitecto, la interfase entre los elementos de la arquitectura (estrategia, estructura y sistemas) del AR del gerente con los elementos del resto de la arquitectura de la organización. Si el AR es una parte de la organización, es probable que los elementos del AR sean también una parte del respectivo elemento de la organización; por ejemplo, el sistema de información. En tal caso, el desarrollo de dichos elementos del AR habrá de requerir la interacción con los responsables correspondientes que pertenecen a otros sectores de la organización.
- En el rol humano, la orientación por parte del gerente y de sus colaboradores a los intereses de la organización por encima de los intereses del sector

y de sus miembros. Tal orientación comprende diversos aspectos: el trabajo en equipo, no solo intragrupal (dentro del sector) sino también intergrupal (entre sectores), un enfoque de la gestión de los recursos humanos que sea equitativo en comparación con el resto de la organización, etcétera.

El ejercicio de la función de integrador tiene mucho que ver con la aplicación del "ajuste mutuo", uno de los tres mecanismos de coordinación de acciones señalados por Henry Mintzberg; los otros dos son la "supervisión directa" (intervención del jefe común u otra autoridad superior) y la estandarización (respetar una normativa establecida en materia de procesos, competencias o productos). Se da el ajuste mutuo cuando dos o más personas, ninguna de las cuales tiene autoridad formal sobre la otra, se ponen de acuerdo para resolver un problema, sin recurrir a alguno de los otros dos mecanismos de coordinación indicados.

Relación entre los roles del gerente y el liderazgo

Liderar es influir sobre personas y grupos para que se encaminen voluntariamente hacia el logro de objetivos comunes. El buen gerente debe ejercer un liderazgo adecuado sobre sus colaboradores y otras personas de la organización.

El liderazgo depende fundamentalmente del rol humano, pero también de los otros tres roles. El rol de arquitecto constituye la antesala intelectual de la influencia interpersonal. Asimismo, los demás roles inciden en cuanto al liderazgo; por ejemplo, la excelencia profesional de un gerente, puesta de relieve como operador, puede provocar la admiración de sus colaboradores, lo que afecta positivamente su liderazgo.

DESCRIPCIÓN DE FUNCIONES GERENCIALES

Tomando como base el listado de funciones que figura a continuación, en su carácter de gerente identifique:

I. Funciones incluidas en el listado que no le corresponden.

II. Funciones no incluidas en el listado que sí le corresponden.

Nota:

A. *Estas funciones, agrupadas por roles gerenciales, en principio son aplicables a todos los gerentes de una organización, pero cabe la "prueba en contario", en el sentido de agregar, quitar o modificar alguna o varias funciones, según el caso.*

B. *El gerente puede delegar estas funciones en sus colaboradores, en mayor o menor grado, según las circunstancias; pero ello no lo releva de su responsabilidad final con respecto al ejercicio adecuado de la función respectiva.*

Rol de administrador

1. Planificar las operaciones del sector a su cargo (incluye la presupuestación) y comunicarse debidamente al respecto (antes, durante y después de la planificación) con los superiores, pares y colaboradores.

2. Coordinar las actividades que sus colaboradores tengan que realizar entre ellos y con personas de otros sectores.

3. Controlar las operaciones del sector a su cargo (incluye el monitoreo de los indicadores de desempeño y el control presupuestario), y proceder en consecuencia.

4. Gestionar los recursos del sector a su cargo.
5. Asignar las tareas a sus colaboradores.
6. Instruir a sus colaboradores acerca de sus tareas y objetivos.
7. Apoyar a sus colaboradores en problemas de trabajo.
8. Controlar las tareas de sus colaboradores y proceder en consecuencia.

Rol de arquitecto

1. Planificar la estrategia del sector a su cargo, alineada con la estrategia superior, y comunicarse debidamente al respecto (antes, durante y después de la planificación) con los superiores, pares y colaboradores.
2. Diseñar o participar en el diseño o la modificación, según corresponda, de la estructura organizativa del sector a su cargo.
3. Contribuir al desarrollo de los sistemas/procesos gerenciales, operativos e informáticos del sector a su cargo.
4. Favorecer la innovación en el sector a su cargo.

Rol humano

1. Identificar las necesidades de incorporación de personas al sector a su cargo y proceder en consecuencia.
2. Seleccionar a las personas que se incorporarán al sector a su cargo (generalmente sobre la base de una propuesta de Recursos Humanos).
3. Planificar y controlar la inducción de las personas incorporadas al sector a su cargo.
4. Identificar las necesidades de capacitación de la gente a su cargo y proceder en consecuencia.

5. Actuar como coach de sus colaboradores.
6. Apoyar a sus colaboradores en problemas personales.
7. Suministrar a sus colaboradores el feedback correspondiente, ya sea de refuerzo o para mejorar el desempeño (crítica constructiva).
8. En el caso de que sea aplicable, "gerenciar gerentes"; o sea, apoyar y monitorear a quienes le suministran reportes directos en cuanto al ejercicio del rol humano con sus respectivos colaboradores.
9. Evaluar el desempeño de sus colaboradores y tener con ellos las entrevistas correspondientes.
10. Evaluar el potencial de sus colaboradores y proceder en consecuencia.
11. Administrar las recompensas de sus colaboradores, en la medida en que esté a su alcance.
12. Desarrollar el trabajo en equipo de la gente a su cargo.
13. Gestionar los aspectos humanos inherentes a la facilitación del cambio en el sector a su cargo.
14. Favorecer el clima y la cultura del sector a su cargo, así como también la motivación y los comportamientos positivos de sus integrantes.
15. Ejercer las demás acciones de liderazgo gerencial que sean convenientes en función de las circunstancias.

Funciones "transversales", aplicables a los tres roles

1. Delegar funciones y tareas en sus colaboradores.
2. Colaborar proactivamente con el jefe o los jefes directos contribuyendo al cumplimiento de sus responsabilidades y al logro de sus objetivos.
3. Manejar la relación con supervisores y pares, maxi-

mizando la integración del sector a su cargo con el resto de la organización.

4. Contribuir a una comunicación fluida y adecuada dentro de su sector, de él con sus miembros y entre ellos, así como también entre todos ellos y el resto de los miembros de la organización y los actores cercanos (clientes, proveedores, etcétera).

5. Procurar la seguridad, la calidad, la productividad, la rentabilidad y la atención al cliente en el sector a su cargo.

6. Conducir la gestión del riesgo del sector a su cargo: identificación de riesgos y adopción de las medidas correspondientes para evitarlos, reducirlos o compartirlos.

CAPÍTULO 4

COMPETENCIAS DEL GERENTE

COMPETENCIAS FUNDAMENTALES	ROLES			
	OPE	ADM	ARQ	HUM
"Know how" en la materia, orientación al cliente, etc.				
Inteligencia analítica, escrupulosidad, orientación a resultados, etc.				
Innovación: creatividad, asumir riesgos, optimismo, tenacidad, etc.				
Valores morales, afabilidad, inteligencia emocional, etc.				

Competencias fundamentales requeridas por cada uno de los roles*

Las competencias están dadas por aquellas características personales que son causales de un desempeño exitoso en el puesto de trabajo. Las características personales pueden agruparse en seis grandes categorías: conocimientos y habilidades específicas, valores y creencias, vocación, condiciones físicas, personalidad e inteligencia. Dentro de la inteligencia, cabe distinguir la emocional de la cognitiva; y, a su vez, dentro de esta, la capacidad analítica de la creatividad. A continuación tomaré en cuenta esta categorización a fin de identificar las competencias requeridas para que el ge-

---

(*) El marco conceptual que sirve de base a esta sección está desarrollado en el libro de Santiago Lazzati, Matías Tailhade y Mercedes Castronovo *Competencias, cambio y coaching* (Ediciones Granica, 2015).

rente logre un desempeño exitoso en uno u otro rol. Me concentraré en aquellas competencias diferenciales que adquieren especial importancia en un rol determinado; prescindiré de otras competencias que, si bien pueden ser importantes, tienden a ser comunes a todos los roles; por ejemplo, iniciativa, flexibilidad, calidad, etcétera.

En el rol de operador cabe resaltar los conocimientos y las habilidades inherentes a la actividad respectiva, más la orientación al cliente en el ejercicio de esa actividad (conforme al modelo de análisis organizacional presentado en el Capítulo 2, toda operación apunta a un cliente, sea externo e interno). Habitualmente, la vocación es un factor clave para lograr un alto nivel en dichas competencias.

En el rol de administrador se requieren, en mayor o menor grado, las competencias resaltadas con respecto al operador. En la mayoría de los casos, el gerente necesita poseer tales competencias a fin de planificar, dirigir, coordinar o controlar la operación; por ejemplo, para supervisar la tarea de un colaborador es preciso tener cierto conocimiento acerca de dicha actividad. Sin embargo, hay casos en los que esta condición no es aplicable, total o parcialmente, como cuando el rol de administrador consiste sobre todo en facilitar e integrar las tareas de sus colaboradores; por ejemplo, el caso del líder de un proyecto interdisciplinario. Por otra parte, en cuanto al rol de administrador, en comparación con el rol de operador, aparecen otras competencias requeridas, porque no es lo mismo "hacer" que "hacer hacer". Y aquí suelen ser relevantes la inteligencia analítica, el rasgo de personalidad denominado "escrupulosidad" (inclinación por lo estructurado, la planificación anticipada, el orden, la eficiencia, etcétera), y otra faceta importante de la personalidad: la orientación al logro (en la empresa, a los resultados).

Con el rol de arquitecto ocurre algo parecido a lo indicado en el párrafo precedente: por una parte, las competencias señaladas con relación al administrador también juegan para el arquitecto; por otra parte, adquiere gran relevancia la innovación, que implica llevar nuevas ideas al terreno de los hechos, a la aplicación práctica. La capacidad de innovación demanda no solo creatividad, sino también asumir cierto riesgo o apertura a la experiencia, optimismo y tenacidad en el propósito, aspectos que tienen que ver con los rasgos de personalidad.

Con relación al rol humano, además de los conocimientos y habilidades pertinentes, como ser la capacidad en materia de comunicación, merecen destacarse los valores morales (al menos en determinados contextos), ciertos rasgos de personalidad –especialmente la estabilidad emocional y la afabilidad– y la inteligencia emocional.

Los párrafos precedentes disparan una pregunta muy importante: ¿cuál es la probabilidad de que una misma persona sea excelente en los cuatro roles? La experiencia en el mundo de las organizaciones y las investigaciones en el campo de la psicología muestran que la probabilidad es muy baja. Este dato de la realidad indica que las organizaciones no deberían pretender que un gerente se destaque en todos los roles; que un gerente puede merecer una evaluación excelente a pesar de sus limitaciones en uno o más roles, dependiendo de la importancia relativa de sus fortalezas y debilidades. Pero dicho dato gatilla una segunda pregunta: a pesar de tal probabilidad, ¿cómo puede lograrse la excelencia en la gerencia de la organización? La respuesta es obvia: por medio del trabajo en equipo, integrando las fortalezas de los distintos gerentes. Esta salida puede hacer pensar lo siguiente: basta con que cada gerente sea muy bueno en uno o algunos de los roles, porque el trabajo en equipo brindará la cobertura de los otros roles. Sin embargo, la integración necesaria para ello requiere algo más: cada gerente no solo debe ser muy bueno en uno o alguno de los roles, sino que también debe poseer un mínimo de sintonía con los otros roles; de lo contrario el trabajo en equipo no es viable.

En resumen, no se trata de sobresalir en todos los roles. Alcanza con hacerlo en uno o más roles, pero sí es indispensable tener un "aprobado" en el resto para permitir la integración que entraña el trabajo en equipo. La sección subsiguiente profundiza este concepto.

Etapas en el desarrollo de las competencias

Como punto de partida, me limitaré a plantear los tres niveles (N) más bajos de la organización, contando de abajo para arriba:

- N1 - No tienen gente a cargo (no gerencial).
- N2 - Son los jefes directos de los N1.
- N3 - Son los jefes directos de los N2.

Dichos niveles dan lugar respectivamente a tres etapas (E) en la carrera de una persona dentro de la organización: E1, E2 y E3.

La mayoría de las personas pasa por E1: comienza a trabajar en N1 como operador sin tener gente a cargo; vale decir que solo es responsable de su propio desempeño. El rol de operador implica la administración del trabajo propio y el manejo de relaciones interpersonales, pero estas actividades no constituyen los roles gerenciales de administrador y humano que aparecen en posiciones superiores. Además de las competencias técnicas o funcionales pertinentes, debe tener un mínimo de habilidades de autogestión y conductuales, que dependen del tipo de tarea, como por ejemplo las necesarias para la resolución de problemas y toma de decisiones, planificación y control del trabajo, comunicación, trabajo en equipo, etcétera.

Más allá de ascensos o cambios dentro de E1, existe una E2 en donde la persona comienza a tener gente a cargo; o sea, que pasa de N1 a N2, de "hacer" a "hacer hacer", siendo responsable del desempeño de sus colaboradores. Este salto, que configura un gran desafío, entraña asumir dos nuevos roles, el de administrador y el humano, que requieren de importantes competencias, que ya señalé en la sección precedente. Cabe sostener que al gerente de N2 le corresponde también el rol de arquitecto, en mayor o menor grado. Sin embargo, en el N2 este rol no suele ser mayormente relevante. Por ello, pienso que, en general, en E2 el foco hay que ponerlo en los roles de administrador y humano. Con relación al rol de operador, en E2 se mantiene, pero pierde importancia relativa porque tiene que dejar espacio a los roles de administrador y humano.

Se inicia E3 cuando el gerente comienza a dirigir gerentes de N2; ergo, pasa de N2 a N3. En esta instancia surgen nuevos desafíos.

- En cuanto al rol de administrador, se suele ampliar el alcance del área de responsabilidad. Por ejemplo, si se supone un "alcance del control" de 6 colaboradores directos, un gerente de N2 supervisaría 6 personas, en tanto que un gerente de N3 supervisaría 6 gerentes de N2 que a su vez supervisarían –en total– 36 personas. Como vemos, el incremento del alcance tiende a ser exponencial.
- Con respecto al rol humano, aparece una nueva función, muy relevante por cierto, que es "gerenciar gerentes".
- Tanto en el rol de administrador como en el humano, frente a determinadas situaciones en muchas oportunidades se plantea la alternativa de manejarse solo con el N2 o bajar más, tomando contacto directo con el N1 (respetando siempre al N2). Esto demanda un enfoque situacional donde a veces conviene hacer una cosa y a veces otra.

La función de gerenciar gerentes requiere que el N3 incursione en cómo el N2 se comporta con sus colaboradores de N1. Esta incursión tiene su complejidad y dificultades.

En general, al N3 le cuesta más percibir dicho comportamiento que el producto que le entrega el N2. Y, aunque disponga de cierta información, esta puede surgir de procesos informales que luego es complicado de manejar abiertamente. Además, no es extraño que gerentes de N3 sientan mayor interés por el producto "para arriba" del N2, que le repercute directamente y en el corto plazo, que por la relación humana entre el N2 y sus N1. En esta relación, los que "la saben" enseguida y los más afectados son los propios miembros del N1. El gerenciar gerentes demanda actitud proactiva, fuerte dedicación y competencias especiales, lo cual no es tan común encontrar. El sistema de evaluación de desempeño denominado "feedback 360°" puede ser de gran ayuda en la búsqueda de este perfil.

Otro aspecto importante de gerenciar gerentes es una dimensión adicional en cuanto al trabajo en equipo. El N3 no solo tiene la responsabilidad de desarrollar lo intragrupal de su gente de N2, sino que también debe cuidar lo "intergrupal" entre los de N1. Habitualmente, existe correlación entre el grado de trabajo en equipo intragrupal de un nivel y el grado en lo intragrupal del nivel siguiente para abajo. Por ejemplo, el conflicto entre dos miembros de N2 acostumbra tener efectos negativos sobre las relaciones entre los respectivos colaboradores de N1.

Por otra parte, es frecuente que en el N3 adquiera relevancia el rol de arquitecto, que en general no es destacable en el N2. Aquí es fundamental la competencia definida como capacidad de innovación, señalada más arriba.

A partir de aquí se puede hablar de más niveles, en los que van apareciendo nuevos desafíos para cada uno de los roles gerenciales indicados: administrador, humano y arquitecto, que a su vez entrañan profundizar o adicionar las competencias requeridas, conforme indiqué en la sección precedente.

En materia del rol humano pueden jugar distintos factores. Pero no debe perderse de vista que el máximo nivel tiene dos desafíos claves al respecto: crear o consolidar la cultura de la organización (para lo cual la prédica con el ejemplo es esencial) y desarrollar el trabajo en equipo en su "executive team". En este segundo desafío hay dos aspectos significativos: en general, no se trata de un grupo fácil de conducir; y, conforme ya esbozamos, su grado de trabajo en equipo tiene gran influencia sobre el grado de trabajo en equipo (intra e intergrupal) en el resto de la organización.

La clasificación en niveles depende mucho del tipo de empresa. Por ejemplo, en una compañía grande podrían identificarse como mínimo cinco niveles: la última línea y otros colaboradores sin gente a cargo (N1), supervisores (N2), jefes (N3), gerentes (N4) y directores o alta dirección (N5). Sin embargo, puede haber personas que no tienen gente a cargo, pero se les reconoce un nivel jerárquico superior al N1 porque gestionan recursos importantes o deben ejercer influencia significativa sobre clientes u otros miembros de la organización. Por otra parte, si se trata de la subsidiaria de una multinacional, corresponde agregar categorías adicionales a nivel regional y corporativo. En cambio, en una pyme tal vez alcance un esquema de solo tres niveles, en donde el N3 está compuesto por el dueño o CEO y su equipo directivo, el N2 comprende los que siguen y tienen gente a cargo, y el N1 abarca al resto de la gente. En una firma de auditores y consultores, en general se da la siguiente estructura básica: N1 - asistentes, N2 - seniors, N3 - gerentes, N4 - socios y N5 - socios que ocupan cargos directivos (pudiendo haber otras categorías intermedias).

Cómo evitar la incompetencia gerencial

El modelo de roles del gerente introducido en el Capítulo 3 lo desarrollé a partir del contenido de una obra sobresaliente que leí hace bastantes años: *Cómo evitar la incompetencia gerencial,* de Ichack Adizes (Ediciones Diana, 1980), un autor al que le debo un gran reconocimiento. Él identifica cuatro funciones:

- La de "productor", que en líneas generales concuerda con el rol de operador.
- La de "administrador", que comprende no solo lo que yo defino como tal, sino también el diseño de la estructura y el desarrollo de los sistemas, que ubico dentro del rol de arquitecto. Esta es la diferencia central entre un modelo y otro. En mi enfoque influyó la aplicación del modelo de análisis organizacional, tratado en el Capítulo 2, que distingue la operación (objeto del administrador) de la arquitectura (objeto del arquitecto), así como también que la capacidad innovadora es común a las diversas funciones del arquitecto.
- La de "empresario", que tiene mucho que ver con la estrategia, parte fundamental del campo de acción del arquitecto.
- La de "integrador", que a grandes rasgos corresponde al rol humano.

Para representar dichas funciones, Adizes recurre a la inicial de las cuatro palabras elegidas para denominarlas:

P   por Productor.
A   por Administrador.
E   por Empresario.
I   por Integrador.

Y así resume el conjunto de las funciones gerenciales con la sigla:

PAEI

Un planteo que debería hacerse todo gerente es evaluar en qué medida cumple debidamente con las cuatro funciones indicadas. Para caracterizar esta evaluación Adizes recurre a la simbología siguiente:

- Letra mayúscula cuando se es muy bueno en la función.
- Letra minúscula cuando se es "más o menos".
- Guión cuando las habilidades al respecto son nulas o muy escasas.

Sobre esta base, un "PAEI" sería el gerente perfecto, un "paei" sería un mediocre en todo y un "- - -" sería un nulo total.

La primera pregunta que platea Adizes es si verdaderamente existe un PAEI. Su respuesta es negativa. Adizes rotula tal espécimen como "el gerente del libro de texto", porque solo figura en los libros, siendo imposible encontrarlo en la realidad.

Lo antedicho lleva a proponer que la calidad gerencial debería enfocarse más como una cuestión de equipo que como una cuestión individual. La idea es conformar un grupo que constituya un PAEI, ya que una sola persona no puede serlo. El análisis de las organizaciones exitosas muestra que el éxito se debió a un equipo de personas cuyos estilos, comportamientos y necesidades eran diferentes pero podían trabajar juntas. Aun cuando el éxito se atribuya a una persona, detrás de ella está un equipo que le permitió un buen desempeño.

A fin de lograr un equipo es necesaria la complementación entre sus miembros. Pero para ello es indispensable que un miembro no sea demasiado deficitario en alguna de las cuatro funciones, porque ello le impide sintonizar con el ejercicio de la función que debe cubrir otro miembro y entonces, en lugar de un equipo, existen compartimientos que en sustancia no se comunican entre sí. De ello Adizes extrae su concepto de incompetencia gerencial. Nos dice: *he encontrado que siempre que una de estas funciones no es desempeñada, puede identificarse un estilo de incompetencia gerencial.*

En otras palabras, para que un gerente sea incompetente basta con que solo tenga un guión en cualquiera de las cuatro funciones. Adizes nos ofrece un cuadro pintoresco de las versiones más extremas de la incompetencia, en donde el presunto gerente cumple con una sola de las cuatro funciones:

```
┌─────────────────────────────────┐
│       P---  El solitario        │
└─────────────────────────────────┘

┌─────────────────────────────────┐
│       -A--  El burócrata        │
└─────────────────────────────────┘

┌─────────────────────────────────┐
│       --E-  El incendiario      │
└─────────────────────────────────┘

┌─────────────────────────────────┐
│      ---I  El superseguidor     │
└─────────────────────────────────┘

┌─────────────────────────────────┐
│      ----  El palo muerto       │
└─────────────────────────────────┘
```

El solitario, más que un gerente incompetente, es un gerente inexistente. El management consiste en lograr los objetivos de la organización con la gente y a través de ella. Pero el solitario hace las cosas únicamente por sí mismo. Y, en consecuencia, desaprovecha el potencial de los recursos humanos a su cargo, lo cual es mucho decir.

El burócrata solo se interesa en las formas, en el "cómo". Dado que no es productor ni empresario ni integrador, carece del sentido del "qué", del "para qué" y del "quién". Suele preocuparse por los detalles, pero aborrece la ambigüedad y la incertidumbre y tiende a evitar el cambio lo más posible.

El incendiario es creativo e innovador, y está dispuesto a correr riesgos. Sin embargo, como no se involucra en la producción, ni se preocupa por la administración, ni se interesa por la gente, no es sensible a las consecuencias de su impulso creativo o innovador. Antes de que su proyecto reciente pueda evaluarse debidamente, ser aceptado por los demás o ponerse en marcha, ya dispara un nuevo proyecto. Y así se malogran hasta los buenos proyectos. Mientras el solitario se la pasa apagando incendios, el incendiario se la pasa prendiéndolos.

El superseguidor se preocupa mucho por las relaciones interpersonales, que atañen al rol del integrador. No obstante, se desentiende de las otras funciones; e incluso su orientación a la gente se concentra en buscar aprecio, evitar el conflicto, etcétera. Por ello, trata de ser simpático, se vuelve complaciente, etcétera. Tiene dificultades para tomar decisiones, sobre todo las conflictivas. En última instancia, ni siquiera es un integrador a fondo. Muchas veces termina haciéndole un flaco favor al objeto de su devoción.

Este modelo de funciones y de patologías gerenciales me parece muy sugestivo y concuerda con lo que he podido observar a lo largo de mi actividad profesional. Por ello me ha parecido oportuno ofrecerlo a la consideración de los lectores. Por supuesto que las patologías representan versiones muy extremas. Pero su enunciación nos ayuda a analizar la realidad, incluso aquellos casos que tienen características parciales.

Atributos del liderazgo gerencial

En las tres secciones precedentes traté las competencias y las incompetencias correspondientes a cada uno de los roles. Por otra parte, en el capítulo anterior señalé que el liderazgo gerencial es transversal a los cuatro roles; que si bien radica fundamentalmente en el rol humano, también es parte de los otros tres roles. Como complemento de dichas secciones pienso que es interesante considerar los atributos del liderazgo gerencial, de cara a ciertos conceptos que hoy están bastante en boga.

En la actualidad, una fuerte corriente de pensamiento sostiene que la inteligencia emocional es la clave del liderazgo, así como también el principal factor diferencial del éxito en los puestos directivos, más que la capacidad técnica o la inteligencia cognitiva. Este concepto suele ir acompañado por la propuesta de que un buen líder debe tener un estilo participativo, asociado con ciertos atributos inherentes a la inteligencia emocional. Sin negar estas afirmaciones, creo que es pertinente hacer algunas distinciones al respecto.

Según Goleman, el gurú en la materia, la inteligencia emocional comprende dos tipos de competencias: las personales y las sociales. Dentro de las primeras, en mi opinión, corresponde distinguir las intrapersonales (como el autoconocimiento y el autocontrol) de aquellas que se refieren a cómo la persona afronta el contexto: el sentido de responsabilidad, la adaptabilidad, la orientación al logro, la iniciativa y el optimismo. A estas competencias, que figuran en el listado propuesto por Goleman, le agregaría la apertura a la experiencia, que va unida a la disposición a tomar riesgos acotados. Me parece adecuado denominarlas "fuerzas vitales". Cabe señalar que dependen no solo de la inteligencia emocional, sino también de los rasgos y de otros aspectos de la personalidad. Creo que ellas no siempre traen aparejado un estilo participativo. He conocido y conozco a muchos gerentes que las poseen y que, sin embargo, no son muy participativos que digamos.

Por otra parte, ciertas competencias sociales se identifican, en mayor o menor grado, con un estilo participativo: la empatía, el interés por el desarrollo de los demás, la gestión del cambio, el establecer vínculos y el trabajo en equipo. Pero otras competencias sociales no necesariamente implican tal estilo, como ser la habilidad para manejar determinadas tácticas de influencia y de negociación.

Hechas estas aclaraciones, quisiera señalar que los atributos que hacen a un líder, además de las competencias sociales que entrañan inclinación hacia la participación, son o pueden ser: su conocimiento del negocio y capacidad técnica, sus valores y creencias, sus condiciones físicas (incluyen la capacidad para afrontar el estrés), su inteligencia cognitiva o capacidad intelectual, sus competencias intrapersonales, sus fuerzas vitales y ciertas habilidades para ejercer influencia y negociar. Por más importancia que se le otorgue a dichas competencias sociales, no puede negarse el peso de todo el resto, lo cual explica la existencia de muchos líderes exitosos que son poco participativos. Aquí noto una brecha demasiado grande entre numerosos escritos sobre la teoría del liderazgo y lo que observo en la realidad.

El liderazgo consiste en la influencia sobre otras personas para que se encaminen hacia el logro de objetivos comunes. Algunos agregan a la definición que los influenciados deben avenirse "voluntariamente", para resaltar o aclarar la condición de que los objetivos sean "comunes". Con esto se excluye la coerción del concepto de liderazgo y se alimenta la propuesta en favor de la participación. Sin perjuicio de ello, la influencia inherente al liderazgo no depende solamente de las acciones comunicativas que el líder realice para convencer a sus liderados. Muchos de los atributos indicados en el párrafo precedente de por sí generan influencia porque provocan admiración, respeto, confianza, solidaridad, etcétera. Cabe aclarar que los valores y las creencias que tienen ascendiente sobre los demás varían significativamente en función del contexto; por ejemplo, no es lo mismo en el campo de la política que en el académico, o en el entorno político de un país que en el de otro. Además, los conocimientos y la capacidad intelectual condicionan el potencial del liderazgo; en efecto, por más grande que sea la habilidad de un presunto líder para persuadir, en principio el caudal de su influencia no habrá de superar a la calidad de su pensamiento. Por último, las fuerzas vitales tienen la virtud del contagio o la emulación, que en determinadas circunstancias son un factor importante del liderazgo. Sin embargo, a menudo las fuerzas vitales operan de manera tal que crean una zona gris entre el liderazgo propiamente dicho y el ejercicio de otros factores de poder, que también pueden ser causales del éxito. Claro está que la calificación de éxito depende del punto de vista con que se lo defina.

En resumen, quiero destacar que, si bien un estilo participativo favorece el liderazgo, hay otros atributos personales que lo afectan de manera significativa. Por ello, hay personas que ejercen un liderazgo efectivo, a pesar de que no son particularmente participativas.

CALIFICACIÓN DEL EJERCICIO DE LOS ROLES GERENCIALES

A continuación figura un listado de funciones que componen los roles gerenciales. Para cada una de dichas funciones le pedimos que califique su *desempeño real*, asignando el puntaje siguiente:

5 - Excelente
4 - Muy bueno
3 - Bueno
2 - Regular
1 - Malo

Para registrar su calificación coloque una marca en la columna respectiva ubicada a la derecha del listado de funciones.

En el caso de que la calificación no sea aplicable o que no pueda hacerla, coloque una marca en la columna "NO" habilitada al efecto.

FUNCIONES	NO	CALIFICACIÓN				
		1	2	3	4	5
1. Alinear a la gente pertinente en una visión compartida de la situación de mi área de responsabilidad[*] a lograr en el futuro.						
2. Aplicar a mis colaboradores las medidas correspondientes a un desempeño desfavorable.						
3. Asignar adecuadamente las tareas a mis colaboradores y a otras personas pertinentes, teniendo debidamente en cuenta su desarrollo personal.						

(*) El asterisco entre paréntesis indica que se refiere al sector a su cargo, pero también puede referirse al sector mayor al cual pertenece e incluso a toda la organización, en la medida pertinente.

FUNCIONES *(continuación)*	NO	CALIFICACIÓN				
		1	2	3	4	5
4. Brindar apoyo personal o colaboración a las personas que trabajan conmigo.						
5. Brindar feedback positivo (al desempeño favorable) o crítica constructiva (al desempeño mejorable), según corresponda.						
6. Buscar y seleccionar los talentos necesarios para lograr el éxito de mi área de responsabilidad[*].						
7. Comportarme de manera que favorezca la motivación de las personas que trabajan conmigo.						
8. Contribuir a la capacitación y el desarrollo de las personas que trabajan conmigo.						
9. Contribuir al desarrollo de los valores compartidos.						
10. Controlar el cumplimiento de las metas y ejercer las acciones consecuentes.						
11. Controlar la calidad en mi área de responsabilidad[*].						
12. Controlar la productividad de mi área de responsabilidad[*].						
13. Controlar los costos de mi área de responsabilidad[*].						
14. Dar el ejemplo a través del comportamiento personal correspondiente.						
15. Definir los objetivos estratégicos y las correspondientes estrategias claves de mi área de responsabilidad[*].						
16. Delegar adecuadamente en los colaboradores todas las tareas que es razonable delegar.						
17. Desarrollar el trabajo en equipo en los grupos a los que pertenezco.						
18. Desarrollar planes de acción y cronogramas de trabajo.						

FUNCIONES *(continuación)*	NO	CALIFICACIÓN				
		1	2	3	4	5
19. Desarrollar una visión atractiva de la situación de mi área de responsabilidad[(*)] a lograr en el futuro.						
20. Diseñar o modificar la estructura organizativa de mi área de responsabilidad[(*)].						
21. Ejercer técnicas de influencia adecuadas en función de la situación y de la audiencia.						
22. Elaborar o modificar políticas y estandarizar procedimientos, en lo que corresponda.						
23. Escuchar activamente y brindar la debida consideración a lo que me dicen.						
24. Estar bien dispuesto a experimentar, correr riesgos razonables y aprender de los errores.						
25. Estar comprometido y ser tenaz en el logro de los resultados perseguidos.						
26. Evaluar a mis colaboradores y a otras personas a quienes me corresponde evaluar, y comunicar debidamente dicha evaluación.						
27. Facilitar la comunicación con y entre las personas que trabajan conmigo.						
28. Fijar metas (resultados a lograr) desafiantes, como base del control de las operaciones.						
29. Gestionar los aspectos humanos del cambio organizacional.						
30. Identificar y analizar las oportunidades y amenazas del entorno y las fuerzas y debilidades de mi área de responsabilidad[(*)].						
31. Identificar y darle prioridad a las cuestiones estratégicas claves de mi área de responsabilidad[(*)].						
32. Identificar y evaluar los riesgos del negocio y adoptar las medidas correspondientes para evitarlos, mitigarlos, compartirlos o asumirlos.						

FUNCIONES *(continuación)*	NO	CALIFICACIÓN				
		1	2	3	4	5
33. Innovar en los procesos y productos para mejorar calidad, productividad, etcétera, en mi área de responsabilidad(*).						
34. Manejar los conflictos.						
35. Otorgar recompensas (reconocimiento, monetarias, etcétera) o contribuir a su otorgamiento, en la medida que esté a mi alcance.						
36. Participar a los demás en los procesos de toma de decisiones, salvo que la situación no lo amerite.						
37. Percibir y tomar debidamente en cuenta las emociones y los sentimientos de las personas que se relacionan conmigo.						
38. Planificar mi sucesión en el puesto.						
39. Proporcionar orientación (objetivos, valores, instrucciones, etcétera) a las personas que trabajan conmigo.						
40. Responder a las necesidades actuales y potenciales de mis clientes.						
41. Suministrar los recursos necesarios (autoridad, información, recursos materiales, etcétera) a mis colaboradores y otras personas pertinentes para que puedan cumplir con sus tareas debidamente.						
42. Supervisar la tarea de mis colaboradores y otras personas que trabajan conmigo.						
43. Tomar debidamente en cuenta la influencia del entorno en mi área de responsabilidad(*).						
44. Transmitir en forma clara y sincera mis ideas y asegurarme de que mi mensaje sea debidamente interpretado.						
45. Velar por el cumplimiento de las políticas y de los procedimientos establecidos.						

CÓMPUTO DEL PUNTAJE

En las hojas siguientes, en el lado izquierdo, se repite el listado de funciones del cuestionario individual que usted contestó. En el lado derecho se habilitan tres columnas, una para cada rol gerencial: ADM (de administrador), ARQ (de arquitecto) y HUM (humano). Cada una de las funciones listadas a la izquierda (1 a 45) corresponde a uno de los tres roles indicados a la derecha, salvo ciertas funciones (16, 19, 32, 40 y 42) que son aplicables a dos roles. Los cuadrantes sombreados identifican esta relación.

A continuación, le pedimos que proceda de la siguiente manera:

1. Para cada función, coloque en el cuadrante sombreado correspondiente el puntaje proveniente de su calificación. Por ejemplo, si en la función 1 calificó 4, anote un 4 en la columna HUM. En aquellas funciones que son aplicables a dos roles repita el mismo puntaje en los dos cuadrantes.

2. Sume los puntajes de cada columna y vuelque los tres totales en la línea A del cuadro "Resumen de la autoevaluación".

3. Determine la cantidad de calificaciones de cada columna, que resulta del total de cuadrantes sombreados (13 para administrador, 11 para arquitecto y 26 para el rol humano) menos el respectivo número de respuestas NO, si las hubiese. Vuelque dichas cantidades en la línea B del cuadro que figura al pie.

4. Obtenga el promedio de calificación de cada columna, dividiendo A por B. Vuelque estos promedios en la línea C del cuadro que figura al pie.

5. Lo más importante de dichos promedios es su relación entre sí (mayor, del medio y menor, pudiendo

haber empate). Esta relación numérica intenta representar su inclinación a un mejor desempeño en un rol más que en otro. Sin embargo, puede que usted tenga al respecto una opinión general que no concuerde con dicho resultado. Especialmente en este caso, revise sus calificaciones, ahora teniendo en cuenta el rol de la función. Esta revisión le permitirá una mayor "insight" acerca de su inclinación.

Resumen de la autoevaluación

	ROLES		
	ADM	ARQ	HUM
A. PUNTAJE TOTAL			
B. CANTIDAD DE CALIFICACIONES			
C. PROMEDIO (A ÷ B)			

FUNCIONES	CALIFICACIÓN		
	ADM	ARQ	HUM
1. Alinear a la gente pertinente en una visión compartida de la situación de mi área de responsabilidad[(*)] a lograr en el futuro.			
2. Aplicar a mis colaboradores las medidas correspondientes a un desempeño desfavorable.			
3. Asignar en forma adecuada las tareas a mis colaboradores y a otras personas pertinentes, teniendo debidamente en cuenta su desarrollo personal.			
4. Brindar apoyo personal o colaboración a las personas que trabajan conmigo.			
5. Brindar feedback positivo (al desempeño favorable) o crítica constructiva (al desempeño mejorable), según corresponda.			

[(*)] El asterisco entre paréntesis indica que se refiere al sector a su cargo, pero también puede referirse al sector mayor al cual pertenece e incluso a toda la organización, en la medida pertinente.

FUNCIONES *(continuación)*	CALIFICACIÓN		
	ADM	ARQ	HUM
6. Buscar y seleccionar los talentos necesarios para lograr el éxito de mi área de responsabilidad⁽*⁾.			
7. Comportarme de manera que favorezca la motivación de las personas que trabajan conmigo.			
8. Contribuir a la capacitación y el desarrollo de las personas que trabajan conmigo.			
9. Contribuir al desarrollo de los valores compartidos.			
10. Controlar el cumplimiento de las metas y ejercer las acciones consecuentes.			
11. Controlar la calidad en mi área de responsabilidad⁽*⁾.			
12. Controlar la productividad de mi área de responsabilidad⁽*⁾			
13. Controlar los costos de mi área de responsabilidad⁽*⁾.			
14. Dar el ejemplo a través del comportamiento personal correspondiente.			
15. Definir los objetivos estratégicos y las correspondientes estrategias claves de mi área de responsabilidad⁽*⁾.			
16. Delegar adecuadamente en los colaboradores todas las tareas que es razonable delegar.	(**)		(**)
17. Desarrollar el trabajo en equipo en los grupos que pertenezco.			
18. Desarrollar planes de acción y cronogramas de trabajo.			
19. Desarrollar una visión atractiva de la situación de mi área de responsabilidad⁽*⁾ a lograr en el futuro.		(**)	(**)
20. Diseñar o modificar la estructura organizativa de mi área de responsabilidad⁽*⁾.			

(**) Dos asteriscos entre párentesis indican que se debe repetir el mismo puntaje en ambas columnas. Ver más adelante "Aclaración sobre las funciones aplicables a dos roles".

FUNCIONES *(continuación)*	CALIFICACIÓN		
	ADM	ARQ	HUM
21. Ejercer técnicas de influencia adecuadas en función de la situación y de la audiencia.			
22. Elaborar o modificar políticas y estandarizar procedimientos, en lo que corresponda.			
23. Escuchar activamente y brindar la debida consideración a lo que me dicen.			
24. Estar bien dispuesto a experimentar, correr riesgos razonables y aprender de los errores.			
25. Estar comprometido y ser tenaz en el logro de los resultados perseguidos.			
26. Evaluar a mis colaboradores y a otras personas a quienes me corresponde evaluar, y comunicar debidamente dicha evaluación.			
27. Facilitar la comunicación con y entre las personas que trabajan conmigo.			
28. Fijar metas (resultados a lograr) desafiantes, como base del control de las operaciones.			
29. Gestionar los aspectos humanos del cambio organizacional.			
30. Identificar y analizar las oportunidades y amenazas del entorno y las fuerzas y debilidades de mi área de responsabilidad[(*)].			
31. Identificar y darle prioridad a las cuestiones estratégicas claves de mi área de responsabilidad[(*)].			
32. Identificar y evaluar los riesgos del negocio y adoptar las medidas correspondientes para evitarlos, mitigarlos, compartirlos o asumirlos.	(**)	(**)	
33. Innovar en los procesos y productos para mejorar calidad, productividad, etcétera, en mi área de responsabilidad[(*)].			
34. Manejar los conflictos.			
35. Otorgar recompensas (reconocimiento, monetarias, etcétera) o contribuir a su otorgamiento, en la medida que esté a mi alcance.			

FUNCIONES *(continuación)*	CALIFICACIÓN		
	ADM	ARQ	HUM
36. Participar a los demás en los procesos de toma de decisiones, salvo que la situación no lo amerite.			
37. Percibir y tomar debidamente en cuenta las emociones y los sentimientos de las personas que se relacionan conmigo.			
38. Planificar mi sucesión en el puesto.			
39. Proporcionar orientación (objetivos, valores, instrucciones, etcétera) a las personas que trabajan conmigo.			
40. Responder a las necesidades actuales y potenciales de mis clientes.	(**)	(**)	
41. Suministrar los recursos necesarios (autoridad, información, recursos materiales, etcétera) a mis colaboradores y otras personas pertinentes para que puedan cumplir con sus tareas debidamente.			
42. Supervisar la tarea de mis colaboradores y otras personas que trabajan conmigo.	(**)		(**)
43. Tomar debidamente en cuenta la influencia del entorno en mi área de responsabilidad[*].			
44. Transmitir en forma clara y sincera mis ideas y asegurarme de que mi mensaje sea debidamente interpretado.			
45. Velar por el cumplimiento de las políticas y de los procedimientos establecidos.			
TOTALES			

Aclaración sobre las funciones aplicables a dos roles

16. La delegación es importante tanto para la administración de las tareas delegadas (rol de administrador) como para el desarrollo de las personas en quienes se delega la tarea (rol humano).

19. La visión atractiva arranca en el arquitecto pero influye significativamente sobre la motivación de la gente.

32. La gestión del riesgo puede generar:
- medidas inherentes a la gestión de la operación (rol de administrador), o
- modificaciones en la arquitectura (rol de arquitecto).

40. Cabe responder a las necesidades de los clientes por medio de:
- la gestión de la operación (rol de administrador), o
- la modificación de la arquitectura (rol de arquitecto).

42. La supervisión de las tareas es relevante en cuanto a su administración (rol de administrador) y también para el desarrollo de los supervisados (rol humano).

CAPÍTULO 5

EJERCICIO DE
LOS ROLES DEL GERENTE

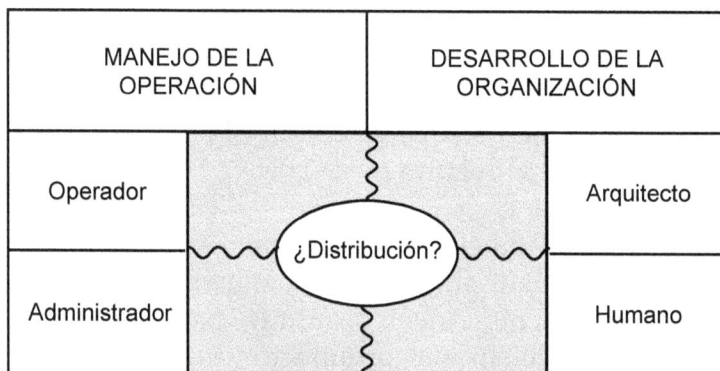

MANEJO DE LA OPERACIÓN	DESARROLLO DE LA ORGANIZACIÓN
Operador	Arquitecto
¿Distribución?	
Administrador	Humano

Evolución de la importancia relativa de los roles

La importancia relativa de los roles cambia en función de los distintos niveles jerárquicos de la organización. Aquí, a riesgo de simplificar demasiado, pueden distinguirse convencionalmente cinco bandas de niveles, empezando por el nivel inferior.

1. Primera línea, o sea el nivel más bajo (no gerentes).
2. Supervisores de primera línea y mandos medios.
3. Ejecutivos que reportan al gerente general y otros miembros de la alta gerencia.
4. Gerentes generales.
5. Superiores de gerentes generales (por ejemplo, en una multinacional, los miembros de la dirección corporativa).

Claro está que pueden identificarse más niveles desglosando cualquiera de las bandas enunciadas; por ejemplo, separando a los supervisores de los mandos medios.

Tomando como base dichas bandas de niveles, cabe especular acerca de la importancia relativa de cada rol en cada uno de los niveles. En este sentido sería razonable pensar que, en general, y probablemente admitiendo abundantes excepciones, a medida que sube el nivel ocurre lo siguiente con la importancia relativa de cada rol:

- La importancia del rol de operador disminuye.
- La del rol de administrador aumenta en una primera etapa, pero luego disminuye para dar lugar a los roles crecientes de arquitecto y humano.
- La del rol de arquitecto aumenta.
- La del rol humano también aumenta, aunque cabe preguntarse: ¿en los niveles más altos es mayor que en los medios? Aquí influye cómo se enfoca el rol humano: si se lo ve más bien limitado a los colaboradores directos o si, en cambio, se resalta la influencia sobre todos los miembros de la organización que reportan directa o indirectamente al gerente. En el segundo caso, parecería que la importancia del rol humano tiende a seguir creciendo; a título ilustrativo podemos concebir la relevancia de un gerente general como modelo de comportamiento de toda la organización.

Dicho tipo de razonamiento constituye una buena base para calibrar las competencias gerenciales en función de los niveles.

En la mayoría de las organizaciones el rol de operador corresponde a un solo campo de "know how": producción, o comercialización, o finanzas, etcétera. Pero en cierto tipo de organizaciones se da que un miembro debe ejercer dos roles distintos de operador. Tal es el caso de ciertas firmas de servicios profesionales, en donde al principio se arranca en el rol de operador productor, pero a medida que la persona progresa en su carrera en general se pretende que vaya asumiendo cada vez más un rol de operador comercial, a fin de que las posiciones de mayor nivel contribuyan al crecimiento de la empresa. En este caso la importancia relativa del rol de operador productor tiende a disminuir, pero la del rol de operador comercial tiende a aumentar.

Ejercicio del rol de administrador

El gerente, en su rol de administrador, realiza ciertas acciones (planificar, dirigir, coordinar y controlar) con respecto a las tareas de sus colaboradores y los resultados consecuentes. Estos dos objetos de la acción gerencial –las tareas y sus resultados–, sirven de base para analizar el comportamiento del gerente acerca de cómo ejecuta dicho rol. En este orden, es interesante identificar dos prototipos básicos de comportamiento gerencial:

I. Ejercer una supervisión estrecha de las tareas, explicitando los objetivos (resultados a lograr) en mayor o menor grado.

II. Focalizar principalmente los resultados a lograr, estableciendo con claridad los objetivos y, sobre esta base, ejercer una menor supervisión de las tareas en sí. Este desplazamiento del foco de las tareas a los resultados suele ir acompañado de cierta participación en la formulación de los objetivos y de una mayor delegación de tareas. La denominada gestión (o dirección o administración) por objetivos (o por resultados) propugna este enfoque.

Dada la descripción de tales prototipos, cabría discutir en términos generales, cuál de los dos es preferible. Si se adopta un enfoque situacional, la discusión constituye un falso planteo: la conveniencia de I o II depende de la situación. Si se aplica el modelo de liderazgo situacional desarrollado por Ken Blanchard[1], el comportamiento adecuado del gerente (en su carácter de "líder" según el modelo) depende en general del nivel de desarrollo del colaborador (el "seguidor" según el modelo), nivel que comprende su grado de competencia y de interés para la tarea encomendada. Por ejemplo, un colaborador con baja competencia requiere el comportamiento I, en tanto que otro colaborador con alta competencia amerita el comportamiento II. Más aún, si, por ejemplo, el colaborador tiene dos tareas diferentes y posee un desarrollo bajo para una y alto para la otra, se justifica que el gerente adopte el comportamiento I para la primera y el II para la segunda.

No obstante, más allá de la prescripción del liderazgo situacional, muchos gerentes tienen tendencia a emplear un tipo de comportamiento, con independencia de las condiciones situacionales. Es habitual que los gerentes con fuerte inclinación a emplear el comportamiento I tiendan a verse demasiado absorbidos por el rol de administrador, en detrimento de los roles de arquitecto y humano. Este estilo podría atribuirse a la preferencia por lo operativo, en oposición a lo estratégico, dentro de la dualidad estratégico/operativo que comento en la sección sobre debilidades basadas en fortalezas del próximo capítulo.

Desafíos y dificultades

Todo gerente, en su respectiva área de responsabilidad, afronta *dos grandes desafíos*:

---

1. Kenneth Blanchard, Patricia Zigarmi y Drea Zigarmi. *El líder ejecutivo al minuto.* Grijalbo, 1986.

1. Lograr los mejores resultados sobre la base de la organización actual. Aquí es clave la eficiencia.
2. Ir transformando la organización, en mayor o menor grado, para crear las condiciones que habrán de favorecer los resultados del mañana. Aquí es clave la innovación y el desarrollo de las personas.

Ahora bien, los roles de operador y de administrador tienen más que ver con el desafío indicado en 1, en tanto que los de arquitecto y humano se relacionan particularmente con el desafío señalado en 2. Un buen gerente debe lograr un equilibrio adecuado en el ejercicio de estos cuatro roles, dependiendo de la problemática específica inherente a su área de responsabilidad. En este sentido, en la sección precedente analicé cómo puede evolucionar la importancia relativa de cada rol en función del nivel jerárquico. De todos modos, creo que en muchos casos puede observarse un *déficit* en el ejercicio de ciertos roles, *especialmente en cuanto al ejercicio de los roles de arquitecto y humano*. A continuación indico algunas de las causas de tal déficit.

A. Problemas de tiempo:

1. Falta de tiempo debido a la presión del trabajo operativo (roles de operador y administrador).
2. Fraccionamiento del tiempo en la ejecución de las tareas. El gerente suele estar sometido a mucho fraccionamiento de tiempo debido a frecuentes interrupciones, tanto propias (por ejemplo, por ansiedad) como ajenas. Y el ejercicio adecuado de los roles de arquitecto y humano tiende a requerir segmentos de tiempo más largos (sin interrupciones y con mayor tranquilidad).

B. Condiciones de la organización, que comprenden los recursos, la cultura organizacional, el estilo de los superiores (incluyendo al jefe), el grado de trabajo en equipo, la normativa, el régimen de premios y castigos, etcétera:

1. Que alientan una excesiva dedicación al trabajo operativo, en detrimento del ejercicio del rol de arquitecto. Por ejemplo, una presión exagerada para lograr resultados a muy corto plazo, en tanto que los beneficios de los roles de arquitecto y humano suelen ser a más largo plazo.
2. Que impiden disponer de los recursos necesarios. Por ejemplo, carencia de apoyo por parte de expertos funcionales correspondientes.
3. Que restringen la autonomía del gerente. Por ejemplo, para modificar la estructura organizativa de su sector o para tomar medidas que favorezcan la capacitación de la gente a su cargo.
4. Que constituyen barreras para encarar cambios que requieren un abordaje intersectorial. Por ejemplo, cuando se busca la mejora de un proceso que cruza varios sectores de la organización, dificultades para constituir un equipo intersectorial que se ocupe del proyecto correspondiente.

C. Preferencia personal del gerente por el trabajo operativo (roles de operador y administrador) en detrimento de los roles de arquitecto y humano. Por ejemplo, el gerente con tendencia a abuso del comportamiento I referido en la sección precedente.

Los problemas indicados en A plantean la necesidad de una buena gestión del tiempo, que incluya el foco adecuado en las prioridades (tomando en cuenta no solo lo urgente, sino también lo importante), la disponibilidad de tiempo autocontrolado (versus tiempo de respuesta), la delegación, etcétera. En la sección siguiente incursionaré en la gestión del tiempo. La inclinación referida en C y otras características personales puede que atenten contra tal gestión. La superación de las dificultades señaladas en B depende del liderazgo del gerente, en cuanto a su capacidad de influencia más allá de su autoridad formal. Y tanto este liderazgo como la inclinación indicada en C tienen que ver con las características personales del gerente. Por ejemplo, si se toman los tipos psicológicos del modelo de Myers-Briggs (basado en la obra de Jung), surge que las personas "sensoriales" en general se sienten más cómodas con el trabajo operativo, mientras que los "intuitivos" se prestan más al rol de arquitecto; según ciertas estadísticas, un 70% de la población es sensorial y un 30% intuitiva, aproximadamente. En el Capítulo 6 avanzaré sobre la relación entre el administrador y el arquitecto.

El déficit en el ejercicio de los roles de arquitecto y humano suele tener efectos contraproducentes por lo siguiente. La mayoría de los problemas negativos se detectan al practicar los roles de operador y de administrador. Pero para muchos de esos problemas la solución consiste en cambiar las condiciones que los generan, lo cual significa modificar la arquitectura o desarrollar a la gente; o sea, recurrir al rol de arquitecto o al de humano, respectivamente. En la medida en que esto no se haga, solo se conseguirá emparchar la situación, en lugar de lograr la solución adecuada.

La importancia de la gestión del tiempo

En párrafos anteriores dije que ciertos problemas en la aplicación de los roles plantean la necesidad de una buena gestión del tiempo, que incluya un foco adecuado en las prioridades (tomando en cuenta no solo lo urgente, sino también lo importante). En la mayoría de los casos dicho planteo conlleva modificar la dedicación a ciertas actividades. Por ejemplo, el déficit en la aplicación del rol de arquitecto o del rol humano, debido a la presión del trabajo operativo (roles de operador y de administrador), que refiero en el Capítulo 6.

La gestión del tiempo personal tiene tres grandes campos de acción:

I. A qué se le dedicará tiempo.
II. Cómo manejar las relaciones interpersonales.
III. Cómo utilizar los recursos.

Por razones de espacio, en esta sección me concentraré en el primer campo. Hacia el final haré una breve referencia a los otros dos.

Para abordar inteligentemente el campo indicado en I, un primer paso es tener claro a qué le dedica uno actualmente su tiempo. Las investigaciones señalan que las personas suelen tener una idea algo distorsionada al respecto, en mayor o menor grado. A fin de superar esta limitación, es recomendable llevar un registro durante un período determinado (podría ser una semana), anotando cronológicamente cada actividad específica y el tiempo consumido por ella. Al cabo del período corresponde hacer un resumen agrupando por grandes categorías las actividades y obteniendo el total de horas de cada categoría. Un primer nivel de clasificación puede ser el de los campos de la vida: relaciones interpersonales (pareja, familia y amigos), trabajo, comunidad, educación, salud, recreación y espiritualidad (religiosa o no). A su vez, cabe dividir cada campo en subcategorías en función de lo que sea más interesante para el análisis; la dedicación al trabajo es aconsejable desglosarla en función de los roles gerenciales.

A partir de dicho conocimiento, hay tres estrategias fundamentales a revisar:

1. El planeamiento y la ejecución de las tareas propias.
2. La delegación de tareas en otras personas, que, como señalé en el Capítulo 3, es una función transversal a los cuatro roles.
3. La autonomía personal, que suele verse afectada por la presión del trabajo operativo.

En cuanto a la primera estrategia, es clave identificar cuáles son las actividades prioritarias; por ejemplo, aplicando una categorización de tipo A-B-C. Aquí hay tres conceptos a tener en cuenta:

- La distinción entre lo importante y lo urgente, que da lugar a cuatro alternativas: importante y urgente (en principio, lo más prioritario), importante pero no urgente, urgente pero no importante, y no importante ni urgente. En este sentido es habitual tomar conciencia de la relevancia de los roles de arquitecto y humano, que han sido descuidados por la presión referida.
- El llamado "principio de Pareto" que dice que el 20% de los factores (en este caso, las actividades) causa el 80% de los resultados.
- La aplicación de la metodología de planeamiento estratégico a la situación individual, que implica realizar un análisis estratégico (oportunidades, amenazas, fortalezas y debilidades), identificar y priorizar cuestiones estratégicas claves, y formular objetivos y estrategias fundamentales.

La clarificación o fijación de prioridades sirve de base para encarar debidamente diversas acciones:

- La eliminación de actividades improductivas.
- El planeamiento de actividades a realizar, previa definición de los objetivos pertinentes. En este orden, en general es conveniente elaborar distintas listas de acciones, según el horizonte de planeamiento, desde la programación del día hasta el planeamiento a largo plazo.
- La elección de tareas a delegar, lo cual lleva a la segunda estrategia. Aquí juegan todos los conceptos y técnicas inherentes a una delegación efectiva.

La tercera estrategia consiste en disponer de cierta autonomía, a fin de facilitar el manejo adecuado de las otras dos estrategias señaladas, así como también otros aspectos de la gestión del tiempo. En este sentido es intercsante la distinción entre "tiempo controlado" y "tiempo de respuesta". Se da el primero cuando uno se ocupa de lo que elige hacer; por ejemplo, encerrarse en la oficina para analizar un informe. Se da el segundo cuando uno se ocupa de algo a instancias de otro; por ejemplo, suspender lo que se está haciendo para responder a un e-mail recién recibido que contiene un pedido urgente. La distribución entre tiempo controlado y tiempo de respuesta plantea una cuestión de equilibrio: demasiado tiempo controlado suele atentar contra la comunicación con los demás; demasiado tiempo de respuesta perjudica la concentración necesaria para encarar debidamente determinadas tareas. Cada individuo habrá de encontrar su mejor ecuación al respecto, en función de las demandas del entorno y de sus propias necesidades y preferencias.

Un enemigo del tiempo controlado y de la dedicación a lo prioritario son las interrupciones. Existen dos tipos de interrupciones: las que generan los demás y las disparadas por uno mismo. Las primeras comprenden las llamadas telefónicas, los mensajes urgentes, las visitas inesperadas, etcétera. Las segundas radican en actitudes como la ansiedad, la inconstancia, la curiosidad, etcétera. En general, es conveniente tomar medidas contra las interrupciones, sujeto a lo dicho en el párrafo precedente acerca del equilibrio entre tiempo controlado y tiempo de respuesta. Las medidas contra las interrupciones de los demás pueden ser mecanismos de "filtrado", aislamiento, acuerdo sobre "períodos de tranquilidad", etcétera. Las medidas contra las interrupciones de uno mismo entrañan cambios de hábitos, que suelen ser difíciles de lograr.

En general, el tiempo controlado se presta para el rol de arquitecto. Puede favorecer también el rol humano, para brindarle a este la dedicación que se merece. Pero aquí hay que tener cuidado porque demasiado tiempo controlado tiende a limitar la comunicación con los demás, lo cual puede atentar contra el rol humano.

Para terminar haré una breve referencia a los campos referidos en II y III, en cuanto a la gestión del tiempo:

- El manejo de las relaciones interpersonales incluye el desarrollo de una comunicación efectiva, la eficiencia en los procesos de resolución de problemas y toma de decisiones, y la productividad de las reuniones.
- La utilización de los recursos disponibles abarca el manejo de la información, la organización de la oficina, la productividad de la secretaria o el asistente (si lo hubiere), y el aprovechamiento de los tiempos "muertos" (viajes, esperas, etcétera).

Para cada una de las estrategias señaladas, que afectan cualquiera de los cuatro roles gerenciales, existen diversos factores de pérdidas de tiempo, que estriban en comportamientos propios o presiones externas. Ejemplos de los primeros, respecto del planeamiento y ejecución de tareas, pueden ser: el intentar demasiado, la carencia de autodisciplina, la incapacidad de decir no, la procrastinación, etcétera. Ejemplo de las segundas, respecto de la autonomía, pueden ser: el estilo del jefe, demasiadas interrupciones, la demanda de los clientes, etcétera. En general, no es difícil identificar los factores directos. El problema mayor suele radicar en remover sus causas. En el caso de los comportamientos propios intervienen los rasgos de personalidad; por ejemplo, el individuo del tipo "caminante, el camino se hace al andar" (el P según el modelo de Myers-Briggs), que es reacio a planificar; el perfeccionista que tiene dificultades para delegar; el introvertido que abusa del tiempo controlado, etcétera. En el caso de la presión ajena juega la capacidad de influencia; por ejemplo, lograr una mayor productividad de las reuniones, cambiar de secretaria, etcétera. La gestión del tiempo requiere analizar las causas de los problemas y encarar los cambios correspondientes en el comportamiento.

AUTOEVALUACIÓN DEL EJERCICIO DE LOS ROLES GERENCIALES

Trate de evaluar en qué medida se siente satisfecho con la dedicación que le brinda a cada uno de los roles de gerente, colocando una marca en el casillero respectivo del cuadro siguiente.

ROL	NIVEL DE SATISFACCIÓN				
	1 MUY BAJO	2 BAJO	3 INTER-MEDIO	4 ALTO	5 MUY ALTO
OPERADOR					
ADMINISTRADOR					
ARQUITECTO					
HUMANO					

CAPÍTULO 6

EL ROL DE ARQUITECTO

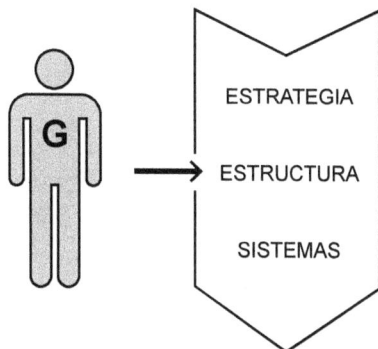

En el Capítulo 3, como parte del análisis de los cuatro roles de un gerente en la conducción de su área de responsabilidad, definí el rol de arquitecto. Y en el Capítulo 4 señalé la competencia fundamental para el ejercicio de ese rol: la capacidad innovadora. En este capítulo profundizaré sobre ciertos aspectos del rol de arquitecto. En la próxima sección haré un análisis del rol que servirá de punto de partida para la segunda y tercera partes del libro. En las secciones siguientes examinaré la relación entre el rol de arquitecto y los roles de administrador y humano, incluyendo un tema estrechamente vinculado: el de las debilidades basadas en fortalezas. En la última sección trataré el alcance y la importancia del rol de arquitecto.

Análisis del rol de arquitecto

El rol de arquitecto se puede desglosar en dos roles más específicos: el de "estratega" y el de "diseñador". En *Anatomía de la organización* (Macchi, 1997), definí lo siguiente:

- *El rol de estratega consiste precisamente en elaborar la estrategia de la organización o del sector. Apunta al entorno y a la debida inserción de la organización o del sector en el entorno. Dicho rol, que entraña la transformación de la organización, trabaja con lo que podríamos llamar la parte "externa" de la arquitectura: la estrategia. A partir de este rol, el gerente debe articular el resto de sus roles.*
- *El rol de diseñador consiste en alinear la estrategia con el resto de la organización, lo cual comprende el rediseño de la estructura y el desarrollo de sistemas. Dicho rol, que entraña la transformación de la organización, trabaja con lo que podríamos llamar la parte "interna" de la arquitectura: la estructura y los sistemas. A través de esta transformación el gerente influye sobre la gente, la información y la operación.*

Obviamente, el planeamiento estratégico corresponde al rol de estratega. En la segunda parte del libro trataré el planeamiento estratégico.

La gestión del cambio organizacional, en su sentido más amplio, abarca el planeamiento estratégico (que crea o modifica la estrategia) y cualquier otro cambio en los demás elementos de la organización, incluyendo la estructura y los sistemas (al respecto me remito al punto 1 del Capítulo 11, página 150). Además, dicha gestión se complementa con el ejercicio del rol humano, conforme señalaré más adelante en la sección sobre la relación entre los roles de arquitecto y de humano.

En la tercera parte del libro trataré la gestión del cambio organizacional.

Relación entre los roles de arquitecto y de administrador

En el análisis de los estilos de un gerente es clásica la distinción entre dos orientaciones: por una parte a la tarea y los resultados (OTR) y por otra parte a las personas (OP). En este orden, un modelo muy citado y utilizado ha sido el fa-

EL ROL DE ARQUITECTO

moso *grid gerencial* de Robert Blake y Jane Mouton. Sobre la base de tal distinción, el modelo establece cinco prototipos de estilos: OTR y OP bajas, OTR y OP de intensidad media, OTR alta pero OP baja, OTR baja pero OP alta y OTR y OP altas. Este último es considerado el "estilo único mejor". Se parte de la hipótesis de que OTR y OP no necesariamente son contradictorias, sino que, por el contrario, pueden e incluso deben ser sinérgicas. La mayoría de los modelos de evaluación de desempeño que se aplican hoy en día responde en cierta medida a esta estructura; comprende dos ejes: uno de resultados y otro de comportamientos (que presta especial atención a la OP).

Es válido establecer la siguiente correlación entre dicha distinción y los tres roles gerenciales: la OTR se asocia más con los roles de administrador y arquitecto, en tanto que la OP se vincula más con el rol humano. Pero la agrupación en un solo eje del administrador y del arquitecto omite considerar la desemejanza que existe entre ambos roles, que se percibe más claramente cuando se consideran ciertas competencias diferenciales: entre otras, el orden y la eficiencia del administrador, y la creatividad y el asumir riesgos del arquitecto. La alternativa entre personas sensoriales o personas intuitivas, referida en el capítulo precedente, refuerza esta observación. Los párrafos siguientes acerca de las debilidades basadas en fortalezas son interesantes para profundizar al respecto.

Debilidades basadas en fortalezas

La mayoría de los procesos de desarrollo personal incluyen, de una forma u otra, la identificación de "fortalezas" y "debilidades" (u otros conceptos más o menos equivalentes) como marco para focalizar los aspectos a mejorar o desarrollar y sobre esta base encarar el plan de acción consecuente.

© GRANICA

91

Esto es aplicable en diversas oportunidades: a partir de una evaluación de desempeño, como parte de un proceso de transferencia de la capacitación al trabajo, en el coaching, etcétera. En este orden cabe un fenómeno paradojal que suele no tenerse en cuenta en forma debida: las propias fortalezas pueden implicar debilidades, adicionales a las identificadas específicamente como tales. El fenómeno se puede dar por dos razones:

1. En algunas situaciones, la sobreutilización de una fortaleza tiende a ser contraproducente.
2. Ciertas fortalezas corresponden a un estilo que cabe ubicar en una dimensión o "dualidad", conformada por dos lados opuestos, cuya efectividad depende de la situación. Y existe la tendencia a que la persona inclinada a uno de los dos lados descuide o incluso desvalorice el lado opuesto.

La cuestión indicada en 1 la traté en *El cambio del comportamiento en el trabajo* (Ediciones Granica, 2008). Allí destaqué que en ciertas circunstancias *muchos de nuestros defectos son exageraciones de nuestras virtudes*, y di dos ejemplos:

• Una persona muy afable suele poseer atributos atractivos, pero en determinada situación tal vez tenga dificultad para adoptar un comportamiento "duro" con otra persona, a pesar de que sería lo mejor.
• En general, es conveniente que una persona sea asertiva. Pero no es extraño que su asertividad se convierta en agresividad o sea percibida como tal.

Al respecto cito el párrafo siguiente extraído de *La inteligencia emocional aplicada a los recursos humanos*, de Alejandra Laura Figini (Macchi, 2002).

Según Aristóteles, existen dos tipos de defectos: los defectos por oposición a una virtud (ejemplo: ordenado/desordenado) y los defectos por exceso de una virtud (ejemplo: ordenado/obsesivo). Los primeros (por oposición) no se encuentran en una misma persona, ¡nadie puede ser ordenado y desordenado al mismo tiempo!

Con relación al tema indicado en 2, Robert E. Kaplan y Robert B. Kaiser, en su excelente libro *Fear your strengths* (Berrett-Koehler, 2013), identifican dos dualidades principales: estratégico-operativo, por una parte y, por otra, directivo ("forceful")-facilitador ("enabling"). En cuanto a la primera dualidad señalan lo siguiente: las virtudes del lado estratégico son fijar el rumbo, promover el crecimiento y liderar la innovación; sus vicios o peligros: estar con la cabeza en las nubes, pretender más de lo que se puede o impulsar un cambio inconveniente. Las virtudes del lado operativo son: capacidad de ejecución, eficiencia y orden; sus vicios o peligros: visión de túnel, ser demasiado restrictivo (especialmente con los costos) o rígido en los procesos.

Dichos autores destacan el atributo de "versatilidad", que es la capacidad de moverse de un lado a otro de la dualidad, en función de la situación. Ellos han desarrollado y aplicado un instrumento que intenta medir la versatilidad del gerente. Sus resultados arrojan lo siguiente:

- Correlación negativa entre estratégico y operativo, al igual que entre directivo y facilitador. Vale decir que si el gerente tiene mucho de un lado, tiende a tener poco del otro. En línea con esto, un porcentaje menor de gerentes posee alta versatilidad.
- Correlación positiva entre versatilidad y eficacia gerencial.

Creo que los conceptos indicados acerca de la dualidad estratégico-operativo son aplicables, en mayor o menor grado, a la relación entre los roles de arquitecto y de administrador, respectivamente.

Relación entre los roles de arquitecto y de humano

Conforme a lo establecido en el Capítulo 3, el rol de arquitecto consiste en crear o modificar la arquitectura organizacional, lo cual comprende el planeamiento estratégico, el diseño de la estructura y el desarrollo de los sistemas. Pero la implementación exitosa de estas intervenciones requiere no solo de su calidad intrínseca, sino también de que las personas afectadas apliquen las conductas pertinentes.

Dada una modificación de la arquitectura, es habitual que vaya acompañada de una adecuación (cambio) en el comportamiento de los ejecutores correspondientes. La mejor estrategia, la mejor estructura o los mejores sistemas pueden fracasar si las personas no quieren o no saben proceder de la manera apropiada. A este efecto, el arquitecto como tal debe adoptar las medidas tendientes a desarrollar la motivación y las competencias de su gente; por ejemplo, modificar el régimen de recompensas, o disponer la elaboración de un manual de procedimientos. Sin embargo, el cambio requerido en el comportamiento de las personas depende también del rol humano del gerente; por ejemplo, cómo demuestra su propio compromiso con el cambio perseguido, qué estilo de liderazgo utiliza en el proceso, cómo promueve el trabajo en equipo, etcétera.

El estilo de liderazgo puede tener una influencia significativa. Por un lado, el aporte de los colaboradores suele enriquecer el producto del arquitecto. Por otro lado, la integración de los colaboradores a raíz de un estilo participativo tiende a favorecer tanto su compromiso como su aprendizaje.

En resumen, en la gestión de un cambio organizacional efectivo juega el rol humano, además del rol de arquitecto.

Alcance e importancia del rol de arquitecto

En el Capítulo 2, en la sección "Aplicación del modelo", señalé que el análisis de los elementos de la organización no solo es aplicable a la organización tomada en conjunto, sino también a cualquier sector de la organización, se trate de una unidad de negocio, una división o departamento, un grupo de trabajo, etcétera. Encarado un sector en particular, este habrá de tener su entorno y su evolución en el tiempo. El entorno viene dado no solo por el de la organización total, sino también por la parte de la organización externa al sector enfocado. El macroentorno y el ramo del negocio influyen sobre el sector. Y lo mismo ocurre con los propietarios y la comunidad. El sector tiene proveedores, competidores y clientes, ya sean internos o externos respecto de la organización. El sector tiene su operación (recursos, procesos y productos), sus personas, su información, su arquitectura (estrategia, estructura y sistemas) y sus resultados. Su management reporta a un management superior dentro de la organización, y su desempeño habrá de contribuir al desempeño global de la organización.

Lo dicho en el párrafo precedente significa que el gerente a cargo de un sector es responsable de todos los elementos que lo componen. Con respecto a la arquitectura esto incluye el planeamiento estratégico, el diseño de la estructura y el desarrollo de los sistemas del sector a su cargo. Aquí reside el rol de arquitecto. En materia de estrategia, es clave la propuesta del Capítulo 7 acerca del planeamiento estratégico sectorial.

Claro está que dicha responsabilidad como arquitecto de su sector puede tener grandes restricciones: la estrategia debe alinearse con la estrategia formulada a nivel superior, el diseño de la estructura tiene que respetar políticas y prácticas establecidas por la organización, la modificación de los sistemas está sujeta a su integración con sistemas más abarcativos; y todo ello depende de la aprobación del jefe del gerente y demás personas correspondientes. Sin embargo, más allá de tales restricciones, el gerente es responsable de la calidad de la estrategia, la estructura y los sistemas de su sector, al menos en cuanto a proponer las modificaciones pertinentes. En todo caso, se trata de una responsabilidad compartida.

También es cierto que el alcance de la responsabilidad del gerente como arquitecto depende de su nivel jerárquico. En principio, cuanto más alto es su nivel, mayor es su campo de acción y su poder para ejercer el rol de arquitecto. En el Capítulo 5, en la sección sobre "Evolución de la importancia relativa de los roles", apunté que aumenta la importancia relativa del rol de arquitecto a medida que sube el nivel jerárquico del gerente.

Además, en el mismo capítulo, en la sección "Desafíos y dificultades" identifiqué las barreras que puede causar un déficit en el rol de arquitecto:

- Problemas de tiempo, debidos especialmente a la presión del trabajo operativo (rol de operador y de administrador).
- Condiciones de la organización.
- Inclinación personal del gerente por el trabajo operativo.

Esta inclinación se relaciona con la preferencia por lo operativo en detrimento de lo estratégico, que se comenta en la sección "Debilidades basadas en fortalezas" del presente capítulo. Es posible que este desequilibrio radique en que el gerente tiene limitaciones en su capacidad de innovación, competencia fundamental del arquitecto, que destaqué en el Capítulo 4.

La inclinación del gerente por el trabajo operativo también puede perjudicar el ejercicio del rol humano. En la sección precedente "Relación entre los roles de arquitecto y de humano" concluí que en la gestión del cambio organizacional –función primordial del rol de arquitecto– juega asimismo el rol humano.

DEDICACIÓN DE TIEMPO Y ENERGÍA DEL GERENTE AL ROL DE ARQUITECTO. BRECHA ENTRE "LO QUE DEBERÍA SER" Y "LA REALIDAD". ANÁLISIS PERSONAL DE CAUSAS DE LA BRECHA

Sobre la base de investigaciones realizadas, se han identificado ciertos factores causales de esta brecha. Aquí le pedimos que estime en qué medida cada uno de ellos influye en su situación personal.

Para indicar su estimación, en el casillero respectivo de la columna de la derecha asigne un puntaje conforme a lo siguiente:

3 - Gran medida
2 - Medida intermedia
1 - Escasa medida
0 - Influencia nula

FACTORES	PUNTAJE
A. Problemas de tiempo	
1. Falta de tiempo debido a la presión del trabajo operativo (roles de operador y/o de administrador).	
2. Fraccionamiento del tiempo en la ejecución de las tareas. El gerente suele estar sometido a esto debido a frecuentes interrupciones, tanto propias (por ejemplo, por ansiedad) como ajenas. Y el ejercicio adecuado del rol de arquitecto tiende a requerir segmentos de tiempo más largos (sin interrupciones y con mayor tranquilidad).	
B. Condiciones de la organización Nota: estas condiciones comprenden los recursos, la cultura organizacional, el estilo de los superiores (incluyendo al jefe), el grado de trabajo en equipo, la normativa, el régimen de premios y castigos, etcétera.	
1. Que alientan una excesiva dedicación al trabajo operativo, en detrimento del ejercicio del rol de arquitecto. *Por ejemplo, una presión exagerada para lograr resultados a muy corto plazo, habida cuenta de que los beneficios del rol de arquitecto suelen ser a más largo plazo.*	

FACTORES *(Continuación)*	PUNTAJE
2. Que me impiden disponer de los recursos necesarios. *Por ejemplo, carencia de apoyo por parte de expertos funcionales correspondientes.*	
3. Que restringen mi autonomía. *Por ejemplo, para modificar la estructura organizativa de mi sector.*	
4. Que constituyen barreras para encarar cambios que requieren un abordaje intersectorial. Por ejemplo, al intentar la mejora de un proceso que cruza varios sectores de la organización, dificultades para constituir un equipo intersectorial que se ocupe del proyecto correspondiente.	
C. Inclinación personal del gerente	
1. Vocación / atributos favorables para el trabajo operativo (roles de operador y/o de administrador).	
2. Déficit de motivación o de atributos para el rol de arquitecto.	
3. Falta de liderazgo (esto es especialmente importante para superar las restricciones que se indican en B).	

PARTE II

ESTRATEGIA

ESTRATEGIA -
CONCEPTOS FUNDAMENTALES

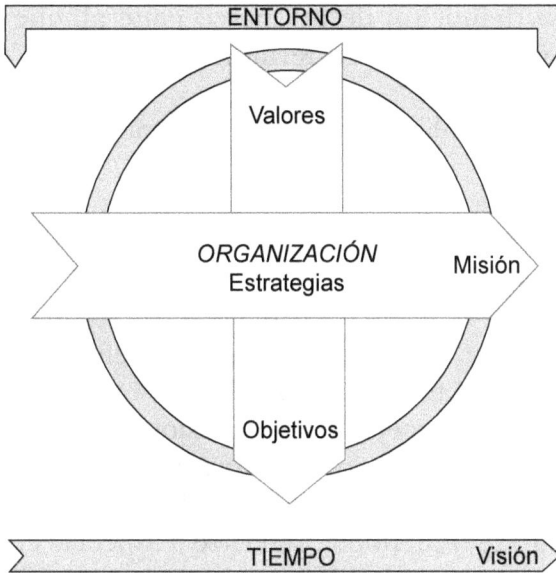

En el Capítulo 2 señalé que la "anatomía" de la organización abarca la organización (el sistema), su entorno (el macrosistema) y su evolución en el tiempo. En este marco, la esencia de la estrategia de la organización consiste en definir:

- Su razón de ser ("qué somos"); o sea, el posicionamiento de la organización de cara a su entorno, el ensamble del sistema con el macrosistema.
- La visión de la organización en el futuro ("a dónde vamos").

Elementos de la estrategia

La estrategia de la organización suele incluir:

- La definición de un marco general, que acostumbra expresarse en términos de "visión", "misión" y "valores".
- La formulación específica de "objetivos" y "estrategias".

A continuación intentaré cierta definición de dichos elementos, en línea con la tendencia general al respecto.

La visión se refiere a una situación futura y deseable, que se espera lograr en un horizonte más bien lejano, aunque no necesariamente esté claro el camino para ello. La idea es que la visión, o mejor dicho la visión compartida, opere como un factor poderoso de motivación para los miembros de la organización. La visión puede contener cualquier tipo de ingrediente; puede referirse a aspectos clasificables como misión, valores, objetivos, metas o estrategias, en los términos que se mencionan a continuación.

La misión consiste en una síntesis de la naturaleza del negocio. A grandes rasgos: en qué mercado opera la organización, a qué clientes apunta, qué necesidades de los clientes pretende satisfacer, qué clase de productos ofrece, qué propiedades esenciales tienen estos productos, etcétera.

Los valores comprenden pautas de conducta; son principios fundamentales que guían el comportamiento de la organización, como la búsqueda de la excelencia, el cumplimiento de las disposiciones legales, el respeto humano, etcétera.

Los objetivos expresan el nivel de aspiración en cuanto al desempeño. Son resultados o atributos a lograr: rentabilidad, flujo de fondos, crecimiento, participación en el mercado, satisfacción de clientes, etcétera. Los objetivos pueden ser:

- Específicos, vale decir mensurados (en función de un cálculo predeterminado) y acotados en el tiempo. A estos objetivos se les suele llamar "metas".
- No específicos, que no reúnen las condiciones descriptas.

La idea es convertir los objetivos no específicos en específicos o metas. Si esto no ocurre, los objetivos pueden representar valores; o sea, pautas de conducta.

Las estrategias (en plural) son los cursos de acción elegidos a fin de lograr los objetivos.

Lo estratégico y lo operativo

Dada una estrategia, se entiende que lo operativo corresponde a los medios para logar los fines estratégicos. Sin embargo, cabe discurrir acerca de dónde termina lo estratégico y dónde comienza lo operativo, dentro de una cadena de medios-fines. Esto es importante para distinguir el planeamiento estratégico del planeamiento y control de las operaciones. La distinción siempre tiene algo de convencional, en mayor o menor grado. Pero es válido establecer una primera pauta: *lo estratégico se refiere a las decisiones de más alto nivel.*

Normalmente, una decisión estratégica tiene efectos significativos a mediano o largo plazo, debido a la importancia de lo que implica. Sin embargo, ella puede referirse a un problema o desafío de corto plazo. La esencia de lo estratégico es el nivel de la decisión, no el plazo. En la sección siguiente avanzaré sobre este punto.

El planeamiento estratégico es el proceso por el cual la dirección de la unidad elabora o revisa su estrategia. En el caso de que la unidad sea una parte de la organización, este proceso debe ser coherente con las decisiones estratégicas establecidas a nivel superior, para la organización tomada en conjunto. Por ejemplo, en una corporación compuesta por varias unidades de negocio, los objetivos de estas unidades deben alinearse con los objetivos de la corporación. El planeamiento estratégico se diferencia del planeamiento operativo, que corresponde a decisiones de menor nivel, generalmente a más corto plazo, que suelen tener un alcance más puntual. El planeamiento operativo se orienta a la implementación de la estrategia, alineándose con ella.

Cuestiones estratégicas claves

Una manera de distinguir cuáles son las decisiones de más alto nivel es emplear el concepto de "cuestión estratégica clave". Una *cuestión* representa el planteo de alternativas de objetivos a fijar o cursos de acción a seguir; es la antesala de la decisión, no la decisión en sí. Una cuestión se considera estratégica clave cuando la decisión a tomar es de alto impacto para la organización; o sea, que habrá de afectar significativamente sus resultados o su desarrollo.

El concepto de cuestión estratégica clave es muy útil en el planeamiento estratégico para "marcar la cancha". La formulación de objetivos y estrategias debe concentrarse en responder a las cuestiones estratégicas claves, y no perder el tiempo en cuestiones menores. Sobre este concepto volveré en el Capítulo 9, referente al proceso de planeamiento estratégico.

Las cuestiones estratégicas claves pueden referirse a los siguientes aspectos de la organización:

- Sus *objetivos* de máximo nivel en cuanto al logro de los resultados: crecimiento, rentabilidad, flujo de fondos, etcétera.

- Su *"output"*, o sea el producto (bienes tangibles o servicios) que la organización entrega a sus clientes o usuarios, así como también las demás definiciones inherentes al "output" (en la medida aplicable, dependiendo de la unidad de que se trate): mercado, tipo de clientes, cómo encarar la competencia, etcétera.
- Su *"input"*, vale decir, la obtención y utilización de recursos fundamentales: humanos, financieros, tecnológicos, etcétera.
- *Cambios organizacionales* que modifiquen sustancialmente la estructura, los procesos gerenciales u operativos, los sistemas de información, el estilo de liderazgo predominante, la cultura organizacional, etcétera.

Análisis estratégico

Las cuestiones estratégicas claves surgen del análisis estratégico, que comprende dos campos fundamentales:

1. El análisis externo, que trata principalmente de las condiciones del entorno que afectan o pueden llegar a afectar a la organización. Este análisis se suele sintetizar en términos de "oportunidades" y "amenazas" del entorno.
2. El análisis interno de la organización, que es común desglosar en "fuerzas" y "debilidades".

En idioma español este esquema se suele caracterizar con la sigla "FODA" (fuerzas, oportunidades, debilidades y amenazas). En el idioma inglés se acostumbra usar la sigla "SWOT", representativa de "strengths" (fuerzas), "weaknesses" (debilidades), "opportunities" (oportunidades) y "threats" (amenazas). La idea central es identificar las cuestiones estratégicas a partir del análisis estratégico, de manera de aprovechar al máximo las oportunidades y protegerse contra las amenazas, teniendo en cuenta las propias fuerzas y debilidades. En otras palabras, se trata de diseñar la mejor inserción del sistema dentro del macrosistema.

Niveles de la estrategia

Una organización puede comprender una o más *unidades estratégicas de negocios* (UEN). Una UEN opera con una misión específica en un mercado específico. A grandes rasgos se diferencia de otras UEN en los siguientes aspectos: productos (bienes tangibles y servicios), clientes y sus necesidades, y competencia.

Si la organización tiene más de una UEN, se acostumbra distinguir:

- La estrategia de la organización tomada en conjunto, que suele denominarse "estrategia corporativa". Se orienta principalmente a la asignación de recursos entre las UEN (llamada "estrategia de portafolio") y a potenciar la sinergia entre ellas.
- La estrategia de cada UEN, cuyo corazón es la "estrategia competitiva", referente a la elección de sus mercados, clientes y productos, y a cómo desarrollar ventajas competitivas.

Además, cabe considerar las "estrategias sectoriales", que versan acerca de cómo los distintos sectores de la organización (funciones, regiones, líneas de productos, etcétera) se alinean para llevar a cabo las estrategias de nivel superior. En la sección siguiente desarrollaré este tema.

Planeamiento estratégico sectorial

Respecto del planeamiento estratégico cabe aplicar el modelo de sistemas. Este modelo implica la posibilidad de múltiples enfoques acerca del objeto de análisis. Por ejemplo, es posible encarar la totalidad de una organización como un sistema, en cuyo caso su entorno es el macrosistema. Pero también puede verse a una unidad de negocios como un sistema, y entonces todo el resto (no solo el entorno de la organización, sino también las otras unidades de negocios) pasan a formar parte del macrosistema, y así sucesivamente. Cualquier sector de la organización y de una unidad de negocios es enfocable como un sistema.

En general, la expresión "planeamiento estratégico" se emplea con referencia a toda la organización (corporación, empresa, etcétera) o a una unidad de negocios. Pero el proceso de planeamiento estratégico, que parte del análisis estratégico, no es aplicable exclusivamente a una organización o unidad de negocios. Según el modelo de sistemas, cualquier clase de unidad puede hacer planeamiento estratégico, ya sea un sector de la organización, un grupo de trabajo, un individuo, etcétera.

Lo que ocurre es que para la organización el análisis estratégico es la base fundamental de sus definiciones estratégicas, mientras que para un sector de la organización una porción importante de sus definiciones estratégicas ya le viene dada por decantación del planeamiento elaborado a un nivel superior. Sin embargo, esto no impide que el sector haga su propio análisis estratégico. Y que en función de este análisis influya sobre sus definiciones estratégicas, o incluso que influya sobre las definiciones estratégicas del nivel superior. Vale decir que cualquier sector de la organización, para establecer sus objetivos, cuenta con dos fuentes fundamentales de información:

1. Los lineamientos que provienen del nivel superior, así como también de las necesidades de los pares. A esto podemos llamarlo integración horizontal y vertical.
2. El propio análisis estratégico correspondiente al sector; o sea, al sistema en cuestión (incluye el análisis de los resultados logrados en el pasado).

En síntesis, el planeamiento estratégico pretende concentrarse en los fines y en las cuestiones más salientes de los medios, en tanto que "le deja" al planeamiento operativo el resto del trabajo de planeamiento, incluyendo "el detalle" de los medios. Pero si no se aclara de qué sistema se está hablando (o sea, cuál es el objeto del planeamiento) se carece de un marco de referencia; la relatividad mencionada diluye la distinción entre fines y medios. Y entonces se esfuma el corte entre lo estratégico y lo operativo.

Lo antedicho significa que, en sentido estricto, la diferencia entre planeamiento estratégico y planeamiento operativo es completamente ambigua si no se la refiere a un sistema determinado. Una misma cuestión bien puede pertenecer al campo del planeamiento operativo de un sistema, pero ser inherente al planeamiento estratégico de un sistema menor, integrante de aquel. Por ejemplo, un programa de reclutamiento de personal (derivado de cierta estrategia clave en materia de recursos humanos) es ubicable dentro del planeamiento operativo de la organización. Pero para el departamento responsable del reclutamiento ese mismo programa implica un análisis estratégico y definiciones estratégicas.

Capacidad estratégica

Dado el alcance de lo estratégico enunciado precedentemente, la capacidad estratégica no es una competencia requerida solo para la alta dirección; es importante también en otros niveles gerenciales, cada uno con el alcance inherente a su área de responsabilidad respectiva (o sea, su sistema). Además, el desarrollo de la capacidad estratégica en un nivel determinado va preparando en forma gradual al responsable para encarar debidamente funciones estratégicas de mayor envergadura correspondientes a niveles superiores que pueda asumir en el futuro.

Por otra parte, dicho concepto abarcativo implica que el gerente debe emplear su capacidad estratégica no solo para enriquecer su aporte individual, sino también como un atributo de liderazgo, dando participación a sus colaboradores en el proceso de planeamiento estratégico de su área de responsabilidad. A su vez, esta participación habrá de realimentar la capacidad estratégica del sector.

Las organizaciones deben darle a la capacidad estratégica una atención que sea coherente con lo indicado en los párrafos precedentes, en su modelo de competencias, en los programas de capacitación y desarrollo, y en los encuentros, tanto formales como informales, entre el gerente y sus colaboradores. En este último caso, por ejemplo, mediante reuniones de planeamiento estratégico deliberado.

Robert Simons, en su excelente libro *Las palancas de control* (Temas, 1998), hace hincapié en la conveniencia de lo que denomina "sistema de control interactivo", que entraña darle participación a los colaboradores en el análisis estratégico. La idea es que, cuanto más participa en el análisis, la gente comprende mejor el porqué de los objetivos. Y esto significa que está más capacitada y motivada para la acción, facilitando la delegación y el control de gestión. Lamentablemente, muchos gerentes actúan a la inversa: participan poco o nada en lo estratégico y están demasiado encima de sus colaboradores en la supervisión cotidiana.

APLICACIÓN DEL ANÁLISIS ESTRATÉGICO A MI ÁREA DE RESPONSABILIDAD. ANÁLISIS INTERNO

FORTALEZAS	DEBILIDADES
A. Recursos operativos	
B. Procesos operativos	
C. Productos de la operación	
D. Personas / Comportamientos / Gestión de los recursos humanos	
E. Información / Sistema de información / Tecnología informática	

APLICACIÓN DEL ANÁLISIS ESTRATÉGICO A MI ÁREA DE RESPONSABILIDAD. ANÁLISIS INTERNO *(Continuación)*

FORTALEZAS	DEBILIDADES
F. Estrategia / Planeamiento estratégico	
G. Estructura	
H. Planeamiento y control de las operaciones	
I. Otros procesos gerenciales	
J. Resultados	

APLICACIÓN DEL ANÁLISIS ESTRATÉGICO
A MI ÁREA DE RESPONSABILIDAD.
ANÁLISIS INTERNO (*Continuación*)

OPORTUNIDADES

AMENAZAS

CAPÍTULO 8

ENFOQUES DE LA ESTRATEGIA - PELIGROS DEL REDUCCIONISMO

DECISIONES DEL MÁS ALTO NIVEL

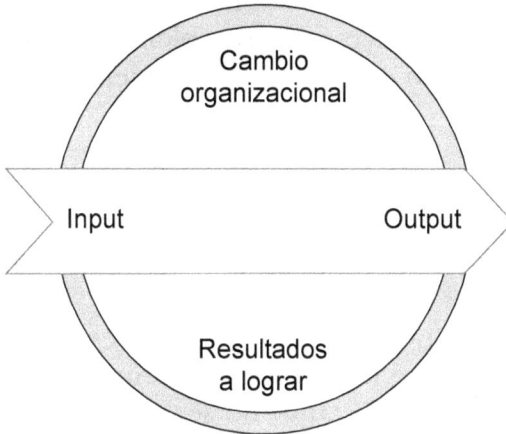

Cuando en una determinada disciplina el análisis de la problemática comprende demasiadas variables y se torna muy complejo, los especialistas tienden a un cierto reduccionismo poniendo foco en determinadas variables a expensas de las demás. Creo que así ha ocurrido en el terreno académico o teórico en materia de la estrategia de las organizaciones. Más adelante trataré esta cuestión, que constituye el objeto del presente capítulo. Pero antes, para aclarar mejor la idea central, haré referencia a dos campos donde, a mi juicio, también se ha dado dicho reduccionismo: el de la psicología y el del liderazgo.

El reduccionismo en psicología

La psicología trata el comportamiento humano (sentimientos, pensamientos y acciones) y sus causas. Es indudable que existen múltiples factores que determinan el comportamiento, cuyo origen puede ubicarse en una línea de tiempo: antes del nacimiento (los genes), en algún momento del pasado, en la actualidad e incluso en el futuro (en el sentido de la influencia de la visión del futuro sobre el comportamiento actual). En este marco existen diversos sistemas que ponen el foco en ciertos elementos y en cierta etapa de la evolución en el tiempo; por ejemplo:

- Las teorías de la personalidad que destacan la influencia de los genes.
- El psicoanálisis, que pone énfasis en el inconsciente y en su formación en una etapa temprana de la vida.
- El conductismo clásico, que prescinde de analizar qué ocurre en la mente (porque ello no es observable y por lo tanto no se considera científico, de acuerdo con el positivismo de la época), limitándose a examinar los estímulos y las respuestas de la conducta en la situación actual.
- El cognitivismo, que rompe con dicha limitación del conductismo clásico, poniendo foco en el análisis de los procesos cognitivos y su influencia sobre los sentimientos y la conducta en la situación actual. Cabe destacar que el conductismo, librado de su reduccionismo metodológico, se puede combinar con el cognitivismo, dando lugar a lo cognitivo-conductual.
- El enfoque sistémico, que presta especial atención a la influencia de los factores del contexto en la situación actual (por ejemplo, la familia). Un método sistémico, el MRI (desarrollado por el Mental Research Institute), en el análisis de los problemas actuales se interesa más por las soluciones intentadas pero fallidas que por las causas originales del problema.

- La terapia centrada en el cliente, que parte de lo siguiente: el ser humano tiene un motivo vital básico, la propensión a la autorrealización; la gente es buena y creativa, y solo se torna destructiva debido a las restricciones externas o a problemas de autoconcepto.
- La Gestalt, que pone especial atención sobre lo que está sucediendo, se está pensando y sintiendo en el momento, por encima de lo que fue, pudo haber sido, podría ser o debería estar sucediendo. Utiliza el método del darse cuenta ("awareness"), predominando el percibir, el sentir y el actuar.
- La logoterapia, que hace hincapié en el sentido de la vida, lo cual representa una mirada hacia el futuro.

Más allá del valor de los aportes de cada uno de los sistemas indicados, cabe reconocer que las causas del comportamiento humano radican, *en mayor o menor grado*, en todos los factores identificados por dichos sistemas; y que la importancia relativa de cada factor en una situación dada depende no solo de la teoría general al respecto, sino también de las condiciones específicas de la situación. Por lo tanto, sin negar que muchos reduccionismos pueden estar debidamente justificados, y que es explicable la preferencia por un sistema u otro, no debemos perder de vista el panorama total. En este orden la denominada "psicoterapia integradora" ha hecho aportes significativos.

El reduccionismo en el liderazgo

Algo parecido acontece con el liderazgo. Se han desarrollado diversas teorías acerca de sus causas: la que destaca al gran hombre, las que enfatizan los rasgos de personalidad, las que resaltan el ensamble entre el estilo del líder y las características del contexto (teorías de la contingencia), las que proponen la adaptación del comportamiento del líder a la situación, especialmente en función del nivel de desarrollo de los llamados "seguidores" (teorías del liderazgo situacional), las que sostienen que el liderazgo ideal debe ser participativo, las que distinguen el liderazgo "transformacional" (inspirador y motivador) del "transaccional" (que apela más a las herramientas gerenciales, incluyendo el sistema de recompensas), etcétera. En mi opinión, el liderazgo depende, en mayor o menor medida, de todos los factores señalados.

Contenido de la estrategia

Mi intención ha sido que los párrafos precedentes acerca de la psicología y el liderazgo ayuden a ilustrar el concepto del reduccionismo, que a continuación analizaré con respecto a la estrategia.

En el capítulo precedente definí que lo estratégico se refiere a las decisiones de más alto nivel, que estas decisiones corresponden a las cuestiones estratégicas claves, y que estas cuestiones pueden referirse a los siguientes aspectos de la organización:

A. Sus *objetivos* de máximo nivel en cuanto al logro de los resultados: crecimiento, rentabilidad, flujo de fondos, etcétera.
B. Su *"output"*, o sea el producto (bienes tangibles o servicios) que la organización entrega a sus clientes o usuarios, así como también las demás definiciones inherentes al "output" (en la medida aplicable, dependiendo de la unidad de que se trate): mercado, tipo de clientes, cómo encarar la competencia, etcétera.

C. Su *"input"*, vale decir, la obtención y utilización de recursos fundamentales: humanos, financieros, tecnológicos, etcétera.
D. *Cambios organizacionales* que modifiquen sustancialmente la estructura, los procesos gerenciales u operativos, los sistemas de información, el estilo de liderazgo predominante, la cultura organizacional, etcétera.

La caracterización precedente encara la organización como un sistema, con sus objetivos, input, procesos y output. Pero, conforme señalé también en el capítulo precedente, la organización comprende o puede comprender unidades de negocios y áreas funcionales, que a su vez se descomponen en distintos sectores; además, suele incluir grupos de proyecto de carácter intersectorial. Y, conforme a la teoría de los sistemas, así como se enfoca a la organización como un sistema, cabe hacer lo propio con cualquiera de sus elementos componentes. Por lo tanto, es razonable ampliar el concepto de estrategia a lo siguiente: dada una "unidad organizacional" (la organización tomada en conjunto, una unidad de negocios, un área funcional, un sector o un proyecto), la estrategia de la unidad consiste en sus decisiones de más alto nivel. Esto significa que cierta cuestión puede considerarse estratégica para determinada unidad, pero no para una unidad de nivel superior; obviamente, la estrategia de la unidad debe estar alineada con la estrategia de nivel superior.

Volviendo a la organización tomada en conjunto, aquí es oportuno citar a Alberto Levy, reconocido autor, docente y consultor en materia de estrategia. En un texto que me hizo llegar, Alberto plantea la pregunta: *"¿Qué es estrategia empresaria?"*, y a continuación responde: *"Dos decisiones y solo dos decisiones, pero las dos decisiones más importantes. En qué negocios está la empresa y cómo cree que debe competir en cada uno de esos negocios. La primera es la Estrategia de Portafolio (que es exacta-*

mente igual que lo que se llama "Misión"). La segunda es la Estrategia Competitiva". Llevando las cosas al extremo, con un esquema de cadena de medios-fines, podría llegar a sostenerse que las demás decisiones son consecuencia de la estrategia y no parte de ella misma. Sin embargo, los contenidos indicados en A, B, C y D suelen tener una relación más bien circular con estas dos decisiones. Por ejemplo, la estrategia competitiva (contenido B) puede depender de la conveniencia de sacrificar rentabilidad en el corto plazo (contenido A), o de que se obtengan determinados recursos críticos (contenido C), o de que se encare un cambio organizacional de gran envergadura (contenido D). Por ello es preferible incluir dentro de la problemática estratégica las grandes cuestiones pertenecientes a cualquiera de dichos contenidos. Esto no quita que las dos decisiones resaltadas por Alberto sean consideradas como las más fundamentales.

Enfoques de la estrategia

En los párrafos que siguen me basaré en la obra *Strategy,* de Stuart Crainer y Des Dearlove (McGraw-Hill, 2014), de la colección *Thinkers 50,* que incluye una reseña de las principales corrientes de pensamiento acerca de la estrategia de las organizaciones. Convencionalmente, trataré de alinear dichas corrientes con los "contenidos" A, B, C y D identificados en páginas anteriores.

- Alfred Chandler (1918-2007) definió la estrategia como *la determinación de las metas y objetivos a largo plazo de una empresa, y la adopción de cursos de acción y la asignación de los recursos necesarios para lograr esas metas.*[1] Vale decir que Chandler, partiendo del contenido A, abre la puerta para los otros tres conteni-

---

1. Traducción libre de un fragmento del libro referido.

dos. Pero cabe destacar que reduce el contenido A a los objetivos de largo plazo.

- La definición de Chandler está bastante en línea con la práctica de las compañías multinacionales después de la Segunda Guerra Mundial, cuya estrategia consistió fundamentalmente en proyecciones cuantitativas de largo plazo, partiendo, en general, del supuesto de fuerte crecimiento, favorecido por la expansión geográfica.

- Igor Ansoff, que en 1965 publicó un libro fundamental, *Corporate strategy*, concentró el foco en el contenido B: *El producto final de las decisiones estratégicas es* engañosamente *simple; la empresa selecciona una combinación de productos y mercados*.[2]

- Michael Porter resaltó el concepto de posicionamiento competitivo profundizando el contenido B. En sus obras *Estrategia competitiva* y *Ventaja competitiva* desarrolló dos modelos fundamentales: el de las cinco fuerzas que mueven la competencia en un sector industrial (competidores, nuevos ingresos, proveedores, compradores y sustitutos) y el de las tres estrategias genéricas (diferenciación, liderazgo en costos y enfoque). En el segundo libro Porter agregó un tercer modelo, el de la cadena de valor, que apunta a identificar las fuentes de la ventaja competitiva; o sea, que refuerza el contenido B. Sin embargo, la cadena de valor configura una herramienta de análisis que sirve de plataforma para replantear la asignación de recursos y encarar el cambio organizacional; o sea, que avanza sobre los contenidos C y D.

- No obstante, le correspondió a C. K. Prahalad y Gary Hamel *formular y popularizar un punto de vista basado en los recursos... El posicionamiento estratégico*

---

2. Ídem.

es inadecuado, argumentaron Prahalad y Hamel. *La ventaja competitiva viene de adentro, no de un análisis detallado de los mercados… Lo verdaderamente importante, dijeron ellos, son las competencias esenciales de la empresa* (company's core competencies). *Todas las empresas tienen sus competencias esenciales. Es justamente una cuestión de identificar exactamente dónde radican esas competencias y entonces construirlas y utilizarlas para obtener la mejor ventaja.*[3] Vale decir que estos autores hacen hincapié en el contenido C.

- W. Chan Kim y Renée Mauborgne, en su obra *La estrategia del océano azul,* destacan la conveniencia de incursionar en áreas de mercado no explotadas, más que en fortalecer la estrategia competitiva en áreas ya explotadas. *El éxito duradero en los negocios no proviene de la lucha contra los competidores, porque cuando los rivales pelean reduciendo ganancias, la competencia asesina redunda en un océano rojo ensangrentado. El éxito radica en crear océanos azules: en nuevos espacios de mercado con alto potencial de crecimiento.*[4] Esto implica un desplazamiento del foco, dentro del contenido B.
- Varios autores, citados por Crainer y Des Dearlove, incluidos Kim y Mauborgne, enfatizan la importancia de la innovación, lo cual da lugar para cualquiera de los contenidos B, C y D.

El reduccionismo en estrategia, y cómo superarlo

En mi opinión, las ideas reseñadas precedentemente, y muchas otras que no menciono en aras de la brevedad, responden a la inclinación señalada al principio: cuando en

---

3. Ídem.
4. Ídem.

una disciplina el análisis de la problemática comprende demasiadas variables y se torna muy complejo, los especialistas tienden a un cierto reduccionismo, haciendo foco en determinadas variables a expensas de las demás. Claro está que ciertos reduccionismos pueden juzgarse como más válidos que otros. Por ejemplo, en psicología me parece que lo cognitivo-conductual tiene mejor fundamento que el psicoanálisis; en liderazgo encuentro más realista el liderazgo situacional que promover el comportamiento participativo del líder con independencia de la situación; en estrategia pienso que presentar la idea del océano azul como opuesta a la de un océano rojo constituye un planteo maniqueo, lo cual no quita que en determinadas condiciones la aplicación de dicha idea pueda brindar muy buenos resultados.

Existen varias causas posibles del reduccionismo excesivo:

- Una es que el ser humano, en general, prefiere más la simplicidad que la complejidad. Aquí me viene a la memoria lo dicho por H. L. Mencken (autor de *Prontuario de la estupidez y los prejuicios humanos*, Ediciones Granica, 1972): *para cada problema complejo hay una respuesta sencilla... y equivocada* –citado por Fernando Savater en *La vida eterna* (Ariel, 2007, página 74).
- Otra es el afán del autor de diferenciarse, de resaltar su aporte, en detrimento del aporte de los demás. En algunos casos esto es una cuestión de marketing.

En el planeamiento estratégico, una de las maneras de evitar los peligros del reduccionismo es, en el plano conceptual, estar abierto a los diversos enfoques que ofrecen las distintas teorías, o al menos, los más valiosos. Pero en el caso concreto de la organización objeto de planeamiento, corresponde orientar el foco a los factores verdaderamente significativos. Tal orientación se puede lograr por medio del proceso siguiente. Sobre la base del análisis estratégico externo e interno, identificar y priorizar las "cuestiones estratégicas claves" que implican el planteo de posibles cursos de acción de alto impacto en la organización, planteo que es previo a la elección del curso de acción a seguir (la decisión). Este acuerdo permite concentrar el proceso de formulación de objetivos y estrategias en los aspectos en verdad prioritarios, inherentes a la estrategia propiamente dicha, y no distraerse con cuestiones que no son relevantes desde el punto de vista estratégico. Las alternativas pueden implicar la opción entre conceptos opuestos, del tipo "blanco o negro", o bien cuestiones de grado, del tipo "mucho o poco". Tales cuestiones pueden corresponder a cualquiera de los contenidos ya indicados en A, B, C y D. La naturaleza de las cuestiones identificadas y priorizadas determina las relaciones entre ellas y por consiguiente la secuencia lógica para abordarlas, así como también la manera de hacerlo y la disposición de la información necesaria para ello. Recién después de cubierta esta etapa intermedia se debe examinar, en el orden correspondiente, cada una de las cuestiones prioritarias, con el propósito de definir los objetivos y las estrategias pertinentes.

IDENTIFICACIÓN DE CUESTIONES ESTRATÉGICAS CLAVES DE MI ÁREA DE RESPONSABILIDAD

Antecedentes: Anexo 7 - ANÁLISIS ESTRATÉGICO

OBJETIVOS

OUTPUT

INPUT

CAMBIO ORGANIZACIONAL

CAPÍTULO 9

EL PROCESO DE PLANEAMIENTO ESTRATÉGICO

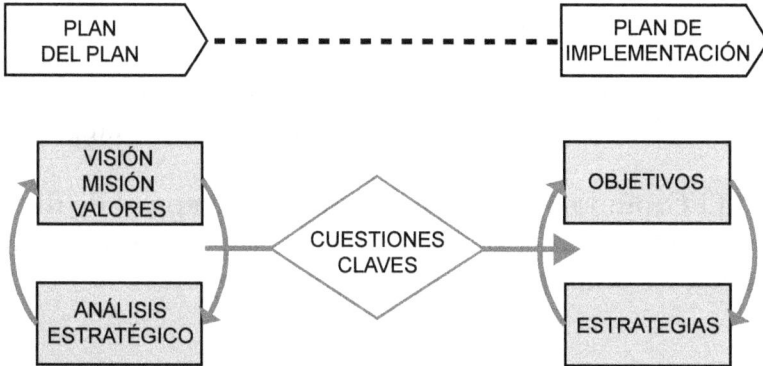

En los dos capítulos precedentes traté los conceptos fundamentales acerca de la estrategia, y los enfoques que se han propuesto en cuanto al contenido de la estrategia.

En este capítulo avanzaré sobre el planeamiento estratégico de una organización tomada en conjunto. En el caso de que la unidad objeto de planeamiento estratégico sea una parte de la organización, los procedimientos que se indican a continuación deben ubicarse en el marco de las definiciones estratégicas hechas a un nivel superior. Además, puede ocurrir que algunos de estos procedimientos sean solo aplicables a la organización tomada en conjunto, y no a una unidad menor. Por otra parte, cabe la posibilidad de que el proceso de planeamiento estratégico de una parte de la organización genere consideraciones que ameriten una modificación de las definiciones estratégicas hechas a un nivel superior; por ejemplo, al demostrar que una meta fijada no es alcanzable con los recursos disponibles.

Producto del planeamiento estratégico de la organización

Es habitual que un proceso de planeamiento estratégico se concrete en las definiciones siguientes:

- Marco general: Misión, visión y valores.
- Definiciones específicas: Objetivos y estrategias.

El Capítulo 7 incluye una síntesis conceptual de dichas definiciones (en la cual se emplea cierta terminología que puede ser distinta de la que usan otros autores).

Proceso emergente y deliberado

El proceso de planeamiento estratégico puede ser "emergente" o "deliberado":

- El *emergente* ocurre en cualquier momento, como parte del trabajo cotidiano, en forma espontánea y dispersa, y su enfoque tiende a ser parcial. Por ejemplo, cierta información novedosa es percibida como una oportunidad adicional que brinda el entorno (análisis estratégico); y para aprovechar la oportunidad se fijan nuevos objetivos y metas, y se formulan las estrategias consecuentes (definiciones estratégicas).
- El *deliberado*, en cambio, implica dedicar al planeamiento estratégico un período concentrado de tiempo, con un enfoque integral de la organización o unidad, empleando la metodología pertinente. Tal concentración entraña una especie de retiro, para evitar las interrupciones que acarrea la operación; por lo tanto, suele ser preferible un sitio apar-

tado del lugar de trabajo cotidiano. Este retiro hace que sea necesario organizar la participación de las personas correspondientes.

Ambos tipos de procesos son complementarios y no excluyentes. Una organización debe prestar atención a la estrategia en forma permanente, e ir adaptando el rumbo conforme a las circunstancias. Pero es bueno reforzar el proceso emergente con sesiones periódicas destinadas al proceso deliberado.

Metodología del proceso deliberado

Existen múltiples metodologías para llevar a cabo el proceso de planeamiento estratégico. Sin embargo, a grandes rasgos cabe reducirlas a los pasos siguientes, ordenados secuencialmente:

1. "Plan del plan"'. Elaboración del programa de trabajo para desarrollar el proceso de planeamiento estratégico.
2. Definición de la misión, la visión y los valores.
3. Análisis estratégico.
4. Identificación de cuestiones estratégicas claves.
5. Definición de objetivos y estrategias.
6. Diseño general del plan de implementación.

En general, es conveniente que la elaboración del plan incluya:

1. La revisión de la estrategia actual, que puede consistir en repasar la última formulación anterior y controlar su cumplimiento.
2. La proyección de cuestiones estratégicas claves y

de eventuales conflictos o resistencias en su trata-
miento, a fin de adoptar las medidas pertinentes.
3. La elección de los participantes en el proceso y su
debida preparación. Esta podría requerir cierta actividad de capacitación o inducción.
4. La programación del proceso a seguir: metodología
aplicable, cronograma, organización de las reuniones, etcétera.
5. La información a suministrar a los participantes.
6. La logística necesaria.

Además, puede ser necesario encarar una actividad
orientada a desarrollar el trabajo en equipo ("team build-
ing") entre los participantes, si es que la relación actual entre ellos no es propicia para el diálogo y la discusión abierta
que requiere un buen proceso interactivo de planeamiento
estratégico, especialmente el análisis interno. En este análisis los participantes deben sentirse cómodos para poder
plantear debilidades de áreas de responsabilidad que no
son las suyas, superando así las barreras defensivas, que suelen ser bastante comunes. Tienen que darse las condiciones
para evitar cualquiera de las dos alternativas siguientes, ambas negativas: que los planteos provoquen conflictos personales contraproducentes o que se omitan los planteos para
no generar tales conflictos.

El proceso para definir la misión, la visión y los valores
es muy variable, dependiendo de la situación de la empresa. Por ejemplo, puede ser que dichos elementos ya estén
definidos, pero sujetos a cambio en función del tratamien-
to de los demás elementos.

El análisis estratégico suele comprender:

• Un examen de los intereses y expectativas de los
respectivos "stakeholders" o grupos de interés. En
una sociedad de personas, este examen puede in-

cluir los intereses y expectativas de cada uno de los socios.

- La consideración de distintos escenarios futuros.
- Los análisis interno y externo, que en general se sintetizan en términos de "fuerzas y debilidades" y de "oportunidades y amenazas", respectivamente. La idea es diseñar la mejor inserción de la organización en el entorno. Estos análisis son desglosables en función de los escenarios considerados.

Como introducción al análisis estratégico puede ser útil que los participantes del proceso se reúnan previamente para examinar la información pertinente, incluyendo la participación de especialistas externos; por ejemplo, un economista, un politólogo, un experto en la industria, etcétera.

Tanto el análisis interno como el externo abarcan información cualitativa y cuantitativa, no solo acerca de la organización sino también acerca del entorno, como ser el "benchmarking" y las "best-practices". Para ello es conveniente emplear un Modelo de Análisis Organizacional, que facilite el enfoque sistémico y la debida consideración de todos los elementos pertinentes. En el Capítulo 2 brindé una síntesis del modelo que prefiero utilizar.

Sobre la base del análisis estratégico, y antes de formular objetivos y estrategias, es importante ponerse de acuerdo en la identificación y priorización de las "cuestiones estratégicas claves", que implican el planteo de alternativas de cursos de acción de alto impacto en la organización, planteo que es previo a la elección del curso de acción a seguir (la decisión). Este acuerdo permite concentrar el proceso de formulación de objetivos y estrategias en los aspectos verdaderamente prioritarios, inherentes a la estrategia propiamente dicha, y no distraerse con cuestiones que no son prioritarias desde el punto de vista estratégico. Las alternativas pueden implicar la opción entre conceptos opuestos, del tipo "blanco o negro", o bien cuestiones de grado, del tipo "mucho o poco". Ellas pueden referirse a cualquiera de los cuatro aspectos de la organización indicados en A, B, C y D del capítulo precedente.

La relación entre la misión y el análisis estratégico o las cuestiones estratégicas claves tiende a ser circular; por ejemplo, la misión de una empresa condiciona su análisis de fuerzas y debilidades, pero, a su vez, este análisis puede derivar en una revisión de la misión.

En línea con la misión, la visión y los valores, y poniendo foco en las cuestiones estratégicas claves, se formulan los objetivos y las estrategias. Entre estos dos elementos también cabe una relación circular; por ejemplo, un objetivo de crecimiento dispara la propuesta de una estrategia consecuente, pero las dificultades que surgen de examinar (a fondo) tal estrategia justifica que se cambie el objetivo. Aún más, el proceso de formulación de objetivos y estrategias puede llegar a replantear aspectos de la misión, de la visión o de los valores; por ejemplo, el lanzamiento de una línea de productos completamente novedosa y muy importante que entraña una modificación de la misión.

En el Capítulo 10 desarrollaré el plan de implementación.

El gráfico que figura al inicio de este capítulo sintetiza la metodología indicada.

A lo largo del proceso de planeamiento estratégico pueden utilizarse distintos modelos o herramientas, como ser las cinco fuerzas de campo que mueven la competencia de un sector industrial y la cadena del valor (elaboradas por Michael Porter), matrices de análisis de productos y mercados, etcétera. Sin embargo, el examen de dichos modelos y herramientas trasciende el propósito de este capítulo, habida cuenta de la abundante bibliografía disponible.

Factores claves del éxito del proceso

Además de la aplicación de los conceptos y la metodología que hemos referido, los factores siguientes son claves para el éxito del proceso de planeamiento estratégico:

1. Disponibilidad de la información necesaria para nutrir debidamente el proceso, especialmente en la etapa de análisis estratégico.
2. Actitud innovadora de los participantes en el proceso.
3. Concentración en las cuestiones estratégicas verdaderamente prioritarias.
4. Trabajo en equipo entre los participantes del proceso. Esto incluye la reducción de barreras defensivas para tratar abiertamente cuestiones eventualmente conflictivas.
5. Implementación efectiva, que trataré en el Capítulo 10.

FORMULACIÓN DE OBJETIVOS Y ESTRATEGIAS DE MI ÁREA DE RESPONSABILIDAD. RESUMEN DE ANTECEDENTES

PRINCIPALES OBJETIVOS DEL AR DE MI JEFE O MIS JEFES
(caso de estructura matricial)

PRINCIPALES OBJETIVOS DE LAS AR DE MIS PARES
(que debo tomar en cuenta para fijar mis objetivos)

OTROS ANTECEDENTES
Anexo 7 - Análisis estratégico
Anexo 8 - Cuestiones estratégicas claves

FORMULACIÓN DE OBJETIVOS Y ESTRATEGIAS DE MI ÁREA DE RESPONSABILIDAD

OBJETIVOS	ESTRATEGIAS

CAPÍTULO 10

IMPLEMENTACIÓN DE LA ESTRATEGIA

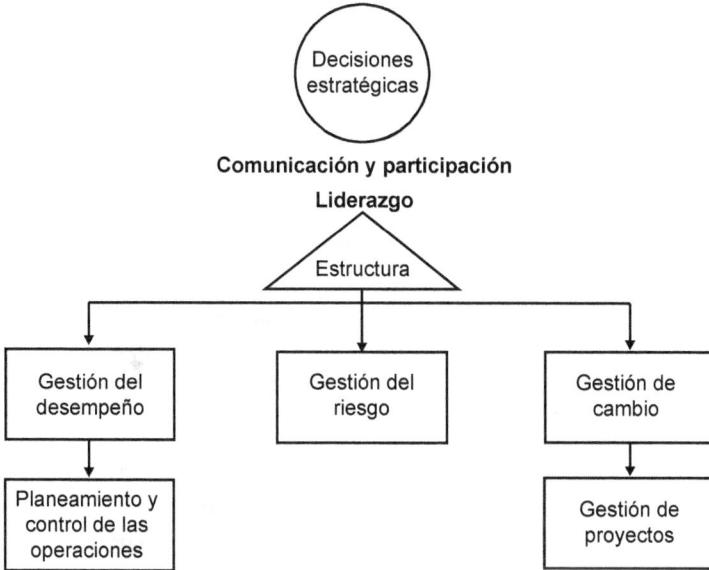

Hay que destacar que la estrategia, para ser efectivamente implementada, tiene que ser comunicada de manera debida a los miembros de la organización. Si bien la confidencialidad de ciertos aspectos de la estrategia puede justificar una restricción en su comunicación abierta, en muchos casos se suele abusar del argumento de la confidencialidad en detrimento de una comunicación apropiada.

Otro factor importante es la participación. Dado un nivel de planeamiento estratégico, en general es positivo que el responsable respectivo participe del proceso a sus colaboradores directos. Por ejemplo, el CEO participa a sus reportes directos en la estrategia de la organización; el gerente de una unidad de negocio hace lo propio con la estrategia competitiva de su unidad de negocio; el gerente de recursos humanos participa a sus colaboradores en la estrategia del área funcional, etcétera. Tal participación significa que en cada nivel, salvo el número 1, los gerentes tienen un doble rol: intervenir en el planeamiento estratégico del área de responsabilidad a cargo de su jefe, y liderar el planeamiento estratégico de su propia área de responsabilidad. Este proceso tiene sus beneficios respecto de la estrategia de un determinado nivel: el aporte de los colaboradores y su conocimiento por parte de estos, lo cual a su vez promueve el desarrollo de una visión compartida, facilita el alineamiento de la estrategia del nivel siguiente y tiende a favorecer la motivación en la implementación. Aún más, el conocimiento que adquieren los colaboradores gracias a tal participación facilita el cumplimiento de los objetivos fijados, así como también su control. Este concepto está relacionado con la propuesta de Robert Simons que refiero al final del Capítulo 7.

La implementación de las decisiones estratégicas puede requerir una modificación de la estructura básica de la organización; por ejemplo, en el nivel de reporte al CEO, pasar de una agrupación funcional a una divisional, a raíz de una nueva estrategia de diversificación de productos. Dada la estructura básica, modificada o no, dicha implementación puede comprender dos caminos:

I. Asignar la implementación de la decisión al área de responsabilidad correspondiente, dentro de la estructura básica establecida, en función de la naturaleza de la decisión. Por ejemplo, si se trata de un objetivo comercial, su implementación queda en manos del gerente comercial y su gente.

II. Constituir un grupo o equipo de proyecto con la misión específica de implementar la decisión estratégica.

El proceso indicado en I pasa a formar parte del planeamiento y control de las operaciones. Este, a su vez, combinado con ciertas funciones de la gestión de los recursos humanos, configura la gestión del desempeño. El proceso señalado en II da lugar a la gestión de proyectos. Por otra parte, es preciso tomar en cuenta los riesgos involucrados en el logro de los objetivos. Aquí aparece la gestión del riesgo. En las secciones siguientes haré otros comentarios acerca de dichos sistemas gerenciales.

Adicionalmente, en tanto la implementación de la estrategia implique la modificación de la estructura, los sistemas o los comportamientos, debe entrar en juego la gestión del cambio. Es común que los proyectos indicados en II o su mayoría se ocupen de dicha modificación. Entonces la gestión de los proyectos surgidos de la estrategia pasa a formar parte de la gestión del cambio, que trataré en los capítulos siguientes.

Pero además de emplear los sistemas gerenciales indicados en los dos párrafos precedentes, la implementación de la estrategia depende sustancialmente del liderazgo por parte no solo de la alta gerencia, sino también del resto de los gerentes.

En resumen, la implementación de la estrategia requiere del alineamiento de todos los elementos indicados: la estructura, los sistemas gerenciales y, sobre todo, el liderazgo. Para ello es necesario que los responsables de la estrategia:

- Culminen el proceso de planeamiento estratégico con el plan de su implementación, que debe comprender, además del lineamiento de los cursos de acción correspondientes, la especificación de los respectivos responsables.
- Realicen el monitoreo periódico de cómo marcha la implementación de la estrategia, incluyendo los proyectos especiales pertinentes. Este monitoreo debe formar parte de la agenda de la alta gerencia, en adición al planeamiento estratégico en sí, al pla-

neamiento y control de las operaciones, a las decisiones puntuales y al intercambio de información.

La debida implementación de la estrategia es tan relevante como la calidad del planeamiento estratégico. Muchas buenas estrategias han fracasado por culpa de una
mala implementación.

Planeamiento y control de las operaciones

El proceso de planeamiento y control focaliza la operación,
pero también se ocupa de las tareas de las personas en la
operación, todo apuntando directamente al logro de los resultados.

Cualquiera de las actividades operativas da lugar a procesos gerenciales de planeamiento y control que se suelen
denominar "de gestión". Sin embargo, prefiero la expresión "de las operaciones", porque pienso que refleja más
claramente el objeto de planeamiento y control.

El planeamiento y control de las operaciones se nutre de
la llamada gestión (o administración o dirección) por objetivos (o por resultados): para ciertos puestos de la estructura
organizativa se definen objetivos específicos en términos de
resultados a lograr, coherentes con los objetivos de superiores
y pares; o sea, alineados con la estrategia de la organización.
Para especificar un objetivo es necesario basarse en un indicador de desempeño; por ejemplo, un objetivo de rentabilidad
podría ser el 12% en función de un indicador de retorno sobre la inversión (una forma de computarlo es tomar la ganan-
cia neta del período dividida por el patrimonio neto al inicio
del período). La fijación de objetivos influye sobre la motivación de las personas, actúa como parámetro en el control de
los resultados y, unida a este control, sirve de referencia para
la evaluación y las recompensas. También puede ser útil para

otras funciones de la gestión de los recursos humanos, como la identificación de necesidades de capacitación.

En sustancia, el control presupuestario forma parte de la administración por objetivos; se concentra en aquellos objetivos expresados en partidas de los estados contables (definiendo el presupuesto como estados contables proyectados).

Gestión del desempeño

La gestión del desempeño integra el planeamiento y control de las operaciones con ciertas funciones de la gestión de los recursos humanos, así como también con los aspectos pertinentes del sistema de información; todo ello en el marco de la estrategia y la estructura organizativa.

El planeamiento y control de las operaciones tiene como primer objetivo monitorear la marcha del negocio, tanto de la organización tomada en conjunto como de las distintas áreas de responsabilidad que la componen. Incluye el control de gestión por comparación de los resultados logrados con los objetivos fijados. Adicionalmente, esta información es utilizable para evaluar el desempeño de los respectivos responsables.

En general, la evaluación del desempeño comprende dos ejes: el de los resultados y el de los comportamientos. La información proveniente del planeamiento y control de las operaciones, referida en el párrafo precedente, constituye la fuente adecuada para evaluar el logro de los resultados. El establecimiento de un modelo de competencias requeridas brinda una buena base para evaluar los comportamientos.

La evaluación del desempeño sirve de plataforma para, por un lado, la toma de decisiones en la aplicación del régimen de recompensas (promociones, ajustes de la remuneración, etcétera) y, por otro lado, para el plan de desarrollo personal (PDP) de los evaluados. A su vez, este plan, por una parte, dispara las acciones personales que debe realizar el propio evaluado y, por otra parte, representa una fuente valiosa (entre otras) para el diagnóstico de necesidades de capacitación, antecedente fundamental del programa de capacitación de la organización.

La evaluación suele ser realizada por el "jefe" del evaluado o su equivalente, pudiendo haber más de un jefe, como en el caso de la estructura matricial. Habitualmente, el jefe está en buenas condiciones de evaluar el eje de los resultados. Sin embargo, es común que tenga ciertas limitaciones para evaluar en forma debida el eje de los comportamientos con respecto a las relaciones con los pares y colaboradores del evaluado, incluso con los clientes. Además, en este orden no es extraño que exista una brecha entre lo que cree el evaluado y lo que opinan dichos afectados. Por ello puede ser provechoso emplear un sistema de evaluación múltiple o "feedback 360°", que tiende a brindar al evaluado información útil para la mejora de su desempeño.

El régimen de recompensas es un factor clave de la implementación de la estrategia, en virtud de la cadena siguiente:

- El logro de los objetivos depende significativamente de los comportamientos, y también de la estructura y de los sistemas.
- Los comportamientos dependen de las competencias y de la motivación de las personas.
- Las competencias dependen en gran parte del aprendizaje, que a su vez tiene como factor positivo la evaluación y el feedback correspondientes.
- La motivación comprende tanto la intrínseca como la extrínseca, y esta depende del régimen de recompensas.
- Por ello es fundamental que el régimen de recompensas esté alineado con la estrategia, que los premios y castigos sean coherentes con los objetivos perseguidos.

Gestión del riesgo

La gestión del riesgo estriba en repasar los objetivos de la organización, en sus distintos niveles, y explorar la posibilidad de eventos que puedan atentar contra su logro, incluyendo acontecimientos fortuitos o extraordinarios. Y, sobre esta base, adoptar las medidas correspondientes para evitar, reducir o compartir los riesgos respectivos. Los objetivos a repasar son tanto los estratégicos como los operativos.

El proceso mental que implica la fijación de objetivos es distinto del que requiere la identificación de sus riesgos. El primero trata de ser positivo y entraña un pensamiento deductivo en cuanto al enlace entre objetivos de un nivel y otro. En cambio, el segundo explora lo negativo y tiene mucho de pensamiento lateral.

La gestión del riesgo incluye el denominado "control interno" y la auditoría, que tienen objetivos comunes: confiabilidad de la información, protección del patrimonio, eficacia y eficiencia de las operaciones, y cumplimiento de la normativa correspondiente. Estos objetivos pretenden cubrir, respectivamente, los riesgos de información incorrecta, perjuicios al patrimonio, ineficacia o ineficiencia, e incumplimiento de la normativa.

Gestión de proyectos

Dentro de una organización es común que existan muchos proyectos. Pero cabe distinguir los "proyectos especiales" que en sustancia significan una modificación de la estructura: se crea un grupo o equipo de proyecto con una misión determinada, bajo la conducción de alguien que se acostumbra llamar "líder del proyecto". La asignación de sus miembros puede ser full time o de tiempo parcial. Se trata de células superpuestas a las células estables que componen la estructura básica. Se supone que una vez alcanzado el objetivo del proyecto, este se da por terminado, desafectándose las personas y demás recursos que fueron asignados al proyecto.

Muchos proyectos importantes forman parte de la gestión del cambio: desarrollo de sistemas de información, mejora o reingeniería de procesos operativos, lanzamiento de nuevos productos, etcétera. Estos proyectos suelen requerir la formación de grupos interdisciplinarios, compuestos por miembros de diversos sectores de la organización; a veces con la participación de consultores y alguna otra ayuda externa.

También en la operación pueden constituirse grupos de proyecto; por ejemplo, en los servicios de consultoría o en la industria de la construcción. En este caso, personas que pertenecen a una o más áreas funcionales se agrupan para realizar cierta obra o brindar un determinado servicio operativo.

Dentro de la gestión de proyectos, cabe distinguir:

- La gestión de cada proyecto en sí, que comprende el planeamiento y control de las tareas, la conducción o coordinación de los miembros del grupo o equipo, el manejo de las relaciones externas, etcétera.
- La gestión del portafolio de proyectos, que abarca las estrategias que dan lugar a los proyectos, la fijación de prioridades, la asignación de los recursos, el establecimiento de políticas y procedimientos comunes, el monitoreo de la marcha de los proyectos, etcétera.

CUESTIONARIO SOBRE LA IMPLEMENTACIÓN DE LA ESTRATEGIA

1. La estrategia, ¿ha sido debidamente comunicada a los miembros de la organización?

2. En los procesos de planeamiento estratégico, ¿se ha brindado la participación correspondiente?

3. El presupuesto y el control presupuestario, ¿están alineados con la estrategia?

4. En las distintas áreas de la organización, ¿se aplican una gestión por objetivos e indicadores de desempeño de manera alineada con la estrategia?

5. El sistema de evaluación de desempeño, ¿es coherente con la estrategia?

6. El régimen de recompensas, ¿es coherente con la estrategia?

7. ¿Se efectúa una apropiada gestión del riesgo con respecto a los objetivos estratégicos y operativos?

8. ¿Se ha realizado una gestión del cambio efectiva?

9. Los proyectos especiales surgidos de la estrategia, ¿se han definido y se llevan adelante en forma adecuada?

10. ¿Se ejerce el liderazgo correspondiente en los distintos niveles de la organización en cuanto a la implementación de la estrategia?

11. La alta gerencia, ¿monitorea debidamente la implementación de la estrategia?

PARTE III

GESTIÓN DEL CAMBIO ORGANIZACIONAL

Capítulo 11
Gestión del cambio - Conceptos fundamentales

Capítulo 12
Enfoque sistémico del cambio organizacional

Capítulo 13
Cambio efectivo en el comportamiento

GESTIÓN DEL CAMBIO - CONCEPTOS FUNDAMENTALES

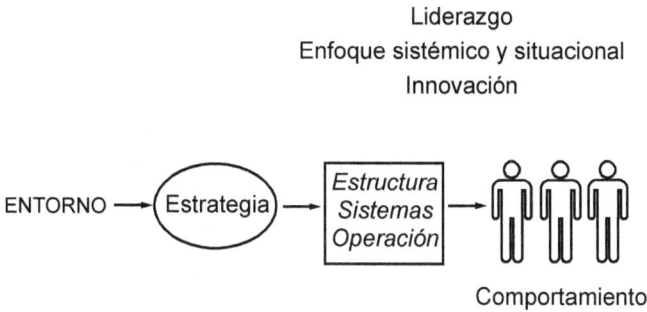

Liderazgo
Enfoque sistémico y situacional
Innovación

ENTORNO ⟶ (Estrategia) ⟶ | Estructura / Sistemas / Operación | ⟶ 👤👤👤

Comportamiento

Conforme al modelo de análisis organizacional introducido en el Capítulo 2, la organización comprende los siguientes elementos: la operación, las personas, la información, la arquitectura (estrategia, estructura y sistemas) y los resultados. Pero con respecto al cambio organizacional cabe aclarar lo siguiente:

- En cuanto a la información, el cambio implica la modificación del sistema de información, que es parte de la arquitectura.
- El cambio de los resultados se logra modificando los otros elementos que los generan, pero no es posible actuar directamente sobre los resultados.

Por lo tanto, los elementos objeto de la gestión del cambio son la operación, las personas, la estrategia, la estructura y los sistemas.

La expresión "gestión del cambio" se suele utilizar con tres alcances distintos:

1. Uno, en el sentido más amplio, abarca la modificación de cualquiera de los elementos indicados en el párrafo precedente, incluido la estrategia. Bajo este concepto el planeamiento estratégico forma parte del cambio organizacional.
2. Otro es distinguir la estrategia del resto de los elementos de la organización, por tanto, a partir de esta distinción, la gestión del cambio constituye el alineamiento de esos elementos con la estrategia.
3. Un tercer empleo de dicha expresión es limitarla al lado humano del cambio. Por ejemplo, dado un proyecto central de desarrollo de un sistema de información o de mejora de procesos operativos, la gestión del cambio comprende las intervenciones complementarias orientadas a alinear el comportamiento con el proyecto central. Este es el concepto que suelen emplear ciertas firmas consultoras.

En este capítulo, y en general en el resto del libro, utilizo la expresión gestión del cambio con el alcance señalado en 1. Sin embargo, cuando se parte de una estrategia dada, se entiende que la gestión del cambio apunta al concepto indicado en 2; e incluso si se parte de un cambio determinado en la estructura, los sistemas o la operación, se puede significar que la gestión del cambio se limita al lado humano referido en 3.

Identifico siete conceptos fundamentales respecto del cambio organizacional:

1. Influencia del entorno.
2. Rol de la estrategia.
3. Enfoque sistémico.
4. Enfoque situacional.
5. Desarrollo de la capacidad de innovación.
6. Cambio efectivo en el comportamiento.
7. Ejercicio del liderazgo gerencial.

Comenzaré por los dos primeros conceptos:

- Los cambios en el entorno (globalización de la economía, competencia más intensa, clientes más demandantes, avances tecnológicos, etcétera) han acelerado y profundizado la necesidad del cambio en las organizaciones. Este fenómeno es bien conocido y no merece mayores comentarios.
- La estrategia, que enfoca la relación de la organización con el entorno, es la plataforma del cambio organizacional. Esta relación la analicé en el capítulo precedente, referido a la implementación de la estrategia.

En las próximas secciones trataré los otros cinco conceptos.

Enfoque sistémico

El enfoque sistémico de una unidad objeto de cambio (la organización tomada en conjunto o un sector de ella) entraña tener una visión completa de la unidad, así como también de sus elementos componentes y de la relación entre ellos. Este enfoque requiere un análisis profundo de todos esos elementos y de sus mutuas interrelaciones, más el diseño y desarrollo de una configuración integral de intervenciones a fin de lograr la masa crítica necesaria. En el próximo capítulo desarrollaré este proceso. Pero en esta sección haré referencia a dos perspectivas de la organización que pueden ayudar al enfoque sistémico:

- La organización comprende un negocio y su administración.
- La organización es un sistema sociotécnico.

Según el Diccionario de la Real Academia Española, *negocio* es *cualquier ocupación, quehacer o trabajo* (primera acepción); y agrega: *todo lo que es objeto o materia de una ocupación lucrativa o de interés* (tercera acepción). En inglés, la palabra "business" tiene significados similares. Aplicando estos conceptos a la organización, se desprende que el negocio radica en la operación, que responde a la estrategia y que genera los resultados. Vale decir que estos tres elementos (estrategia, operación y resultados) configuran los rasgos fundamentales del negocio. Asimismo, existe la "administración" de negocios, empleando el primer término en el sentido amplio que se le otorga en el ámbito académico o educativo, en línea con el original inglés "business administration"; en español también se usa "administración de empresas". La administración así entendida trata cuestiones inherentes a la estructura organizativa, los procesos gerenciales, el sistema de información y las personas. En este sentido la palabra administración incluye los conceptos de gerencia y de gestión; en inglés, "management".

El negocio se ubica en uno o más ramos de actividad. Las operaciones que pertenecen a distintos ramos tienden a ser bien dispares entre sí; e incluso las que corresponden a un mismo ramo pueden ofrecer bastantes diferencias. Por lo tanto, el conocimiento del negocio difiere mucho de un ramo de actividad a otro, y de una organización a otra. La administración, en cambio, si bien varía en función de las características del negocio, ofrece bastantes aspectos comunes entre las organizaciones. Por ello, el conocimiento acerca de la administración abarca un campo significativo que trasciende las peculiaridades de cada negocio. Hay personas que están muy interesadas en el negocio pero no tanto en la administración, y viceversa. Esta predilección en un sentido o en otro puede atentar contra el enfoque sistémico. Si bien el negocio representa el corazón de la organización, la administración es importante también, sobre todo de cara al futuro.

El sistema sociotécnico abarca un sistema social y un sistema técnico. El sistema social está compuesto por las personas y su comportamiento, la información acerca de las personas, el contenido humano de la arquitectura (o sea, parte de la estrategia, la estructura y los sistemas, fundamentalmente la gestión de los recursos humanos), y los aspectos de los resultados que tienen que ver con las personas (por ejemplo, los gastos en capacitación y desarrollo). El sistema técnico está compuesto por la operación, la información acerca del entorno y de la operación, el resto de la arquitectura (vale decir, de la estrategia, la estructura y los sistemas, principalmente el planeamiento y control de las operaciones), y los resultados, excepto los inherentes a las personas. Hay quienes, debido principalmente a sus características personales (conocimientos, vocación, personalidad, etcétera), tienden a darle más importancia al sistema social. Otros, por el contrario, se inclinan a otorgar más relevancia al sistema técnico. Conforme hemos dicho, como principio general es conveniente emplear un enfoque sistémico, que abarque una visión integral de todos los elementos que componen tanto el sistema social como el técnico.

Aquí es oportuno hacer referencia a cierta corriente de pensamiento que denomino "modelo idealista normativo", cuyo principal pionero ha sido Peter Senge. Esta corriente hace hincapié en el sistema social; enfatiza la importancia de los comportamientos personales y de las relaciones interpersonales (comunicación abierta, trabajo en equipo, etcétera), por oposición a emprendimientos de cambio organizacional que sobre todo intervienen en la arquitectura. Estoy completamente de acuerdo con el énfasis en los procesos humanos. Pero no con inclinar la balanza hacia el otro extremo; esto es, con considerar que la palanca de cambio radica más en dichos procesos que en la arquitectura. Me parece más adecuado un enfoque sistémico que presta atención tanto a la arquitectura como a las personas.

La exageración de la importancia relativa de los procesos humanos como disparador del cambio organizacional representa un modelo *no* sistémico, valga la paradoja, habida cuenta del pensamiento sistémico tan bien descripto por Senge.

Además, un aspecto particular de dicha corriente revela cierta carencia de enfoque sistémico. Con respecto a la motivación, apela casi exclusivamente a la intrínseca: la atracción de la tarea, el aprendizaje inherente a la tarea, la satisfacción de las necesidades de pertenencia, estima y autorrealización, etcétera. En su obra hay muy poca referencia a la motivación extrínseca; incluso en algunas partes le otorga un carácter peyorativo. Por ejemplo, no trata mayormente el sistema de recompensas como factor de cambio en el comportamiento humano. Por más que se exalte la relevancia de la motivación intrínseca, en el mundo actual no puede negarse la necesidad de recurrir también a la motivación extrínseca.

Enfoque situacional

Respecto de muchas cuestiones, en materia de management y comportamiento humano, especialmente de gestión del cambio organizacional, corresponde distinguir dos niveles en cuanto al grado de generalización de cualquier respuesta a la cuestión planteada:

1. La generalización absoluta, constituida por una respuesta categórica a favor de una u otra posición, sin condicionamiento alguno. Por ejemplo, en cuanto al diseño de la estructura, sostener que la forma matricial es siempre contraproducente.
2. El enfoque situacional, donde el camino adecuado depende del tipo de situación, pero de todos mo-

dos hay margen para generalizar, pues es razonable identificar los factores situacionales para definir si conviene un camino u otro. Por ejemplo, reconocer que el cambio de cultura en una pyme está sujeto al estilo de liderazgo del dueño que dirige la empresa y, sobre esa base, definir si el cambio es o no viable.

Las generalizaciones con el agregado de "en general" o "excepto…" constituyen un nivel intermedio entre 1 y 2. Aquí lo crucial es el alcance de las excepciones:

- Si es muy limitado, la respuesta se aproxima al Nivel 1.
- Si es muy amplio, la respuesta tiende a solaparse con el Nivel 2.

Con relación a 1 y 2, cabe tener en cuenta lo siguiente:

1. Gran parte de las generalizaciones absolutas constituyen reduccionismos falaces; o bien, si son válidas, muchas de ellas entrañan perogrulladas que carecen de valor agregado. Por ejemplo, en un proceso de cambio, el hecho de proponer que el líder del cambio debe ser siempre participativo ignora que en determinadas circunstancias ello puede ser negativo o incluso imposible. Por el contrario, es cierto que el cambio debe orientarse a los resultados, en el corto o en el largo plazo, pero esto constituye una verdad de perogrullo.
2. En general, el conocimiento complejo demanda una gran dosis de enfoque situacional. La mayoría de las descripciones, predicciones, valoraciones y prescripciones están condicionadas por factores que intervienen o pueden llegar a intervenir en la situación.

Aquí es aplicable el aforismo de H. L. Mencken: *Para cada problema complejo hay una respuesta sencilla... y equivocada* (citado por Fernando Savater en el capítulo tercero de *La vida eterna*, Ariel, 2007). Y agregamos la máxima de Albert Einstein, que calibra lo dicho por Mencken: *Todo debe hacerse lo más simple posible, pero no más allá* ("Everything should be made as simple as posible, but not simpler"). Por ejemplo, la conveniencia de instalar un determinado sistema de información depende del tamaño y de la madurez de la organización, de las necesidades específicas de información, del costo del proyecto, etcétera.

A la corriente idealista-normativa, referida en páginas anteriores con relación al enfoque sistémico, también le faltan consideraciones de carácter situacional, del tipo de: si las circunstancias son tales, conviene proceder de cierta manera, pero en condiciones distintas es preferible optar por otros caminos. Por ejemplo, ¿qué hacer cuando la conducción es muy autoritaria (no hay posibilidad de cambiarla) y además para sobrevivir es inevitable reducir el personal en un 30% durante los próximos tres meses? Seguramente que las recomendaciones de tipo idealista-normativo pueden ayudar a encontrar soluciones apropiadas. Pero también es probable que tales soluciones se alejen de la filosofía propuesta. El management y la consultoría gerencial, al igual que la política, confirman el arte de lo posible.

Con la crítica precedente a la corriente idealista-normativa no pretendo negar, en absoluto, el gran valor del aporte que ha hecho al desarrollo organizacional. Aún más, creo que si se aplicasen sus propuestas tendríamos mejores organizaciones y viviríamos en un mundo mejor. Mi única observación radica en aplicar cierta dosis de realismo al análisis de la situación y a la elección consecuente de cursos de acción.

Desarrollo de la capacidad de innovación

Desde un punto de vista dinámico, los elementos de la organización pueden agruparse de la siguiente forma:

- La configuración de la organización, integrada por el diseño de la operación, las personas y la arquitectura.
- Las actividades que realiza la organización utilizando la configuración actual, las operativas, el comportamiento de las personas y el flujo de la información.

En tal dinámica, la organización afronta dos grandes desafíos:

- Lograr los mejores resultados sobre la base de la configuración actual. Aquí son fundamentales la eficiencia y el rol gerencial de administrador.
- Ir transformando la configuración, en mayor o menor grado, para crear las condiciones que habrán de favorecer los resultados del mañana. Aquí son claves la innovación y los roles gerenciales de arquitecto y humano (desarrollo de las personas).

Además de aprovechar las oportunidades de innovar que tiene la organización actual, de cara al futuro es importante desarrollar la capacidad de innovación, como parte de la gestión del cambio organizacional. Una sección del próximo capítulo incluirá una breve reseña de las intervenciones orientadas a tal efecto.

Cambio efectivo en el comportamiento

La implementación efectiva del cambio organizacional entraña, en última instancia, el cambio en el comportamiento de las personas. Los líderes del cambio deben tomar en cuenta sus posibles reacciones (resistencia, apoyo, indiferencia, etcétera) y adoptar todas las medidas adicionales que sea menester para reforzar dicho cambio en el comportamiento. Esto requiere un análisis adecuado de la disposición al cambio ("readiness") de los actores, tanto entre los propios líderes del cambio como en el resto de los actores. En este sentido existen tres aspectos relevantes:

- Ciertas pautas a tomar en cuenta por los líderes del cambio, que enunciaré en la sección siguiente.
- El alineamiento de la cultura con la estrategia, que expondré en el Capítulo 13.
- El efecto del cambio en las personas, que a su vez ofrece tres facetas: la resistencia al cambio, el manejo de la transición psicológica y los factores de la motivación que puede jugar en el proceso de cambio. Estas tres facetas también las trataré en el Capítulo 13.

Ejercicio del liderazgo gerencial

Dejé este tema para lo último no porque sea menos importante que los otros conceptos, sino porque es abarcativo de todos ellos. En efecto, la aplicación exitosa de estos conceptos depende mucho del ejercicio del liderazgo gerencial correspondiente. En este orden, a continuación enuncio ciertas pautas que deben tomar en cuenta los líderes del cambio:

- Los líderes del cambio deben hacer un análisis de los factores de poder, teniendo en cuenta su propio poder y el poder de los demás actores. Según cuál sea la situación, convendrá que el líder utilice una u otra fuente de poder (liderazgo, autoridad formal, recompensas, etc.).

- Los líderes del cambio deben armar una fuerte coalición con las personas correspondientes a fin de consolidar el poder necesario para lograr el cambio perseguido.

- Los líderes del cambio deben demostrar fehacientemente su compromiso con el cambio propuesto. En este sentido, la prédica con el ejemplo es un vehículo fundamental.

- En general, es preferible que el cambio organizacional se base en un estilo de liderazgo participativo, que promueva el desarrollo de una visión compartida y el "empowerment" de todos los miembros de la organización o del sector objeto de cambio. Sin embargo, las variables situacionales pueden hacer que sea necesario o conveniente un abordaje directivo de ciertas situaciones.

- En general, los líderes del cambio pretenden una modificación en el comportamiento del resto de los miembros de la organización. Pero este cambio, a su vez, suele requerir que los propios líderes también modifiquen su comportamiento, a fin de crear las condiciones pertinentes, lo cual no necesariamente es asumido por ellos.

- Una comunicación adecuada y constante es fundamental. Ella suele requerir:
  - La generación de insatisfacción en cuanto a la situación actual, pero contrarrestada psicológicamente por una visión atractiva acerca de la situación deseada, acompañada por planes de acción que tiendan un puente entre ambas.
  - Suministro regular de información acerca de la marcha del proceso, más el reconocimiento y festejo de los logros.

- Los líderes del cambio deben ejercer un monitoreo permanente del proceso de cambio y, en función del desarrollo de los acontecimientos, adoptar las medidas necesarias para reforzarlo o modificarlo.
- En los procesos de cambio es conveniente programar intervenciones que impliquen triunfos en el corto plazo, lo que refuerza la motivación de la gente en favor del rumbo propuesto.

CUESTIONARIO SOBRE EL EJERCICIO DEL LIDERAZGO GERENCIAL RESPECTO DEL CAMBIO ORGANIZACIONAL DE MI ÁREA DE RESPONSABILIDAD

1. ¿Estoy utilizando los factores de poder, incluyendo el mío, de la manera más efectiva?

2. ¿He desarrollado una fuerte coalición con las personas correspondientes, que favorece el cambio perseguido?

3. ¿He demostrado fehacientemente mi compromiso con el cambio propuesto, especialmente con el ejemplo de mi propio comportamiento?

4. ¿Estoy utilizando el estilo de liderazgo adecuado, en función de las variables situacionales?

5. ¿He logrado el cambio correspondiente en mi propio comportamiento, incluyendo lo necesario para facilitar el cambio en el comportamiento de mis colaboradores?

6. ¿Estoy comunicando eficazmente todos los aspectos pertinentes del proceso de cambio?

7. ¿Estoy monitoreando debidamente la marcha del proceso de cambio y adoptando las medidas necesarias para reforzarlo o modificarlo?

8. ¿He programado intervenciones que impliquen triunfos en el corto plazo?

CAPÍTULO 12

ENFOQUE SISTÉMICO
DEL CAMBIO ORGANIZACIONAL

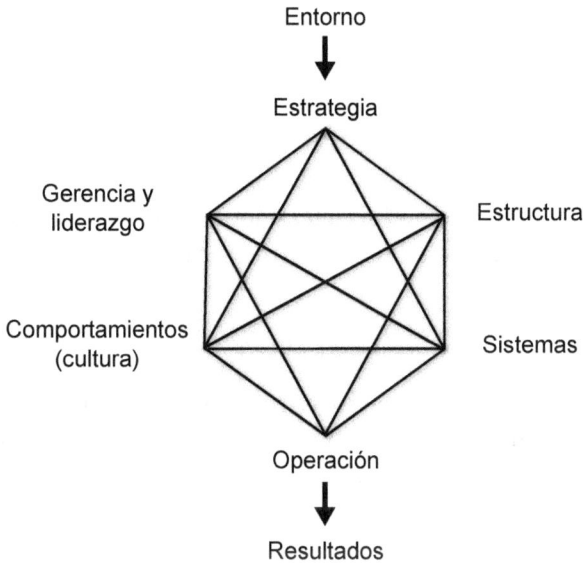

En el capítulo precedente definí que los elementos de la organización objeto de la gestión del cambio son los siguientes:

- La operación (recursos, procesos y productos).
- Las personas y su comportamiento.
- La estrategia.
- La estructura.
- Los sistemas.

Etapas del proceso de cambio

El proceso de cambio comprende dos etapas:

I. El relevamiento y el diagnóstico de los elementos pertinentes en cuanto a su situación actual, incluyendo los riesgos a futuro.

II. El diseño y la implementación del cambio perseguido.

El producto de la etapa de relevamiento y diagnóstico es la especificación de la brecha entre la situación actual y la situación deseada. La etapa siguiente de diseño e implementación establece el camino necesario para superar la brecha; o sea, plasmar las soluciones adecuadas. Al respecto quiero destacar la importancia de adoptar un enfoque sistémico, ya sea que se trate de un proceso de cambio de la organización tomada en conjunto o de un sector de ella.

Tal enfoque es aplicable primero en la etapa de relevamiento y diagnóstico, momento en el cual cabe juzgar si los elementos examinados responden a determinados atributos; por ejemplo, si los procesos operativos son eficaces y eficientes. Y, en este sentido, una parte importante de los atributos perseguidos apunta a la coherencia entre un elemento y otro (el "fit"); por ejemplo, si la estructura está alineada con la estrategia, si la evaluación del desempeño está integrada con el modelo de competencias y con el planeamiento y control de las operaciones, etcétera. Estos planteos arrancan con el examen de ciertos elementos, pero llevan a expandir la evaluación hacia otros.

Asimismo, el enfoque sistémico es aplicable en la etapa de diseño e implementación. Aquí la clave es definir la configuración de intervenciones indispensable para lograr efectivamente el cambio propuesto. En esta etapa el concepto de intervención significa "acción específica que modifica uno o más elementos de la organización". Con una concepción demasiado simplista se podría suponer lo siguiente: ubicada una brecha en un elemento determinado (fruto de las etapas de relevamiento y diagnóstico), bastaría con intervenir el elemento en cuestión. Por ejemplo, si se detecta un problema en la estructura, cabría pensar que sería suficiente con modificar solo esta. Sin embargo, en general no es así. El desafío tiende a ser mucho más complejo. Aunque el problema se presente en un solo elemento, la solución suele requerir intervenciones en otros elementos. Siguiendo con el ejemplo, si el rediseño de la estructura fuese el achatamiento de la pirámide junto con un aumento del tramo de control, es probable que ello deba ir acompañado del "empowerment" de la gente, el cual implica un incremento en la participación, la delegación y la disponibilidad de información y otros recursos. Esto, a su vez, requiere capacitación, mayor motivación y trabajo en equipo; y todo ello demanda el desarrollo del liderazgo, de valores compartidos, del sistema de información, del planeamiento y control de las operaciones, del modelo de competencias, del régimen de evaluación y recompensas, etcétera, a fin de equilibrar el "empowerment" con el control correspondiente y brindar consistencia a todo el sistema humano.

Intervenciones de diseño e implementación

Las intervenciones de diseño e implementación pueden ser:

- Modificaciones en los recursos, procesos o productos operativos.
- Acciones directas sobre las personas.
- Planeamiento estratégico.
- Rediseño de la estructura.
- Desarrollo de sistemas.

Al respecto cabe aclarar lo siguiente:

- En cuanto a la información, las intervenciones correspondientes al diseño e implementación del cambio entrañan la modificación del sistema de información; o sea, el desarrollo de sistemas.

- No cabe intervenir los resultados en sí. Se intenta lograr el efecto buscado por medio de las intervenciones en los otros elementos.

Las acciones directas sobre las personas abarcan actividades de capacitación y coaching, de participación de la gente en el proceso de cambio, de comunicación acerca de los planes de cambio y su ejecución, de feedback, de movimiento de gente (incorporación, transferencia o desvinculación), etcétera. Corresponde distinguir entre dichas acciones y el desarrollo de sistemas en el área funcional de gestión de los recursos humanos, como el modelo de competencias requeridas, las políticas y los procedimientos de reclutamiento de gente, las estrategias de capacitación y desarrollo, el régimen de evaluación y recompensas, etcétera.

Dado un proceso de cambio que hace foco en uno o más elementos, es conveniente distinguir dos tipos de intervenciones:

- La intervención o intervenciones "centrales" sobre los elementos inherentes al foco del proyecto.
- Las intervenciones en los demás elementos que son necesarias para que el proyecto tenga éxito, las cuales a su vez comprenden intervenciones "previas", "complementarias" y "recurrentes"; estas últimas son aplicables a lo largo de todo el proceso.

Por ejemplo, en un proyecto real de reingeniería de procesos:

1. La intervención central fue precisamente la reingeniería de ciertos procesos operativos, tendiente a mejorar su eficiencia y la calidad de los productos resultantes, lo cual incluyó el empleo de nueva tecnología.

2. Las intervenciones previas fueron:

- El planeamiento estratégico que concluyó con la decisión de efectuar la reingeniería.
- La constitución de un grupo de proyecto responsable de llevar a cabo la reingeniería (esta constitución entraña el rediseño de la estructura).
- La capacitación de los miembros del grupo de proyecto en su carácter de tales.

3. Las intervenciones complementarias fueron:

- El rediseño de la estructura y la desvinculación de ciertos operarios como consecuencia de la reingeniería.
- El desarrollo del sistema de información para monitorear el logro de los resultados perseguidos por la reingeniería, que agregó nuevos indicadores de desempeño.
- El establecimiento de un sistema de gestión por objetivos, que incluyó la fijación de metas acerca de dichos resultados (modificación del planeamiento y control de las operaciones).
- La adecuación del sistema de evaluación y recompensas para alinear a la gente con las metas establecidas.
- La capacitación de la gente para que pueda operar debidamente los nuevos procesos.

4. Las intervenciones recurrentes fueron principalmente actividades de participación y comunicación.

Para facilitar la aplicación de los conceptos procedentes he diseñado la hoja sumaria que figura en el Anexo 12 y que comprende tres columnas:

A. En la columna izquierda se listan las intervenciones típicas.

B. La columna central se deja en blanco para indicar, respecto de las intervenciones listadas en A, si se trata de una intervención central (X), previa (P), complementaria (C) o recurrente (R).

C. En la columna de la derecha se anotan las características básicas de la intervención respectiva.

En la mayoría de los proyectos significativos ocurre lo siguiente: aunque la X se identifique con una sola o unas pocas intervenciones, la aplicación correspondiente de P, C y R tiende a cubrir gran parte de las demás intervenciones. Esto responde al concepto del enfoque sistémico del cambio organizacional, que, como dije, suele requerir una configuración integral de intervenciones. La planilla propuesta, que vengo utilizando en múltiples trabajos de cambio organizacional, constituye una herramienta útil al respecto. Uno de sus beneficios es asegurar que no se omita ninguna intervención necesaria para lograr que el proyecto sea exitoso.

En mi opinión, el concepto de armar una configuración integral de intervenciones es uno de los más importantes que conciernen a la gestión del cambio. Lamentablemente, he observado que a menudo en la práctica no se lo toma debidamente en cuenta. Por ejemplo, en el diseño e instalación de un sistema ERP ("Enterprise Resource Planning") se descuidan aspectos del lado humano del cambio (alineamiento de la gente, capacitación, comunicación, etcétera) o la mejora de los procesos operativos que deben alimentar el ERP. Esta falencia suele estar causada por diversos factores: especialistas que enfocan su árbol pero no el bosque, supuestos ahorros económicos que al final redundan en costosas ineficiencias, problemas políticos, etcétera.

Desarrollo de la capacidad de innovación

Para desarrollar la capacidad de innovación en la organización puede aplicarse el esquema de intervenciones que figura en el Anexo correspondiente a este capítulo (referido en la sección precedente).

Por ejemplo:

- Como parte del proceso de planeamiento estratégico, definir lineamientos estratégicos con respecto a la innovación. Esto incluye la definición de pautas fundamentales, la identificación de áreas que constituyen las mejores oportunidades de innovación, y la priorización de dichas áreas.
- En el diseño de la estructura, optar por formas que favorecen la innovación, como la constitución de grupos de proyecto, el énfasis en el ajuste mutuo como mecanismo de coordinación, la asignación de responsabilidades específicas que contribuya efectivamente al desarrollo de la innovación, etcétera.
- En la gestión por objetivos, que integra el sistema de planeamiento y control de las operaciones, establecer que los respectivos responsables deban formular objetivos específicos de innovación, además de los objetivos operativos.
- En línea con el punto precedente, como parte del sistema de información, emplear indicadores de desempeño que midan el grado de innovación en los aspectos correspondientes.
- Disponer que la competencia de capacidad innovadora tenga un rol relevante en el modelo de competencias, en el sistema de evaluación y recompensas, en el reclutamiento y otros aspectos de la gestión de los recursos humanos.

- Realizar actividades de capacitación orientadas a desarrollar la capacidad innovadora de los miembros de la organización.
- Establecer programas especiales tendientes a que las personas participen en actividades innovadoras.

DESARROLLO DE INTERVENCIONES - HOJA SUMARIA

PROYECTO

ELEMENTOS A INTERVENIR		TIPO DE INTERVENCIÓN[1]	ACCIONES ESPECÍFICAS[2]
ESTRATEGIA	1		
ESTRUCTURA	2		
SISTEMAS GERENCIALES			
– Planeamiento y control de gestión	3		
– Sistemas de información	4		
– Modelo de competencias	5		
– Evaluación y recompensas	6		
– Otras interv. en RR.HH.	7		
– Interv. en otros sistemas	8		
OPERACIÓN			
– Recursos	9		
– Procesos	10		
– Productos	11		
PERSONAS[3]			
– Capacitación	12		
– Participación	13		
– Comunicación	14		
– Movimiento	15		

(1) X - Central / P - Previa/ C - Complementaria / R - Recurrente.
(2) Por razones de espacio, puede colocarse aquí una referencia (1, 2, etc.) y anotarse la acción en una hoja complementaria.
(3) Se refiere a acciones directas sobre las personas.

CAPÍTULO 13

CAMBIO EFECTIVO
EN EL COMPORTAMIENTO

Estrategia ➡ Comportamiento ⎰ A discontinuar

A reforzar

A promover

En el Capítulo 11 destaqué que la implementación efectiva del cambio organizacional entraña, en última instancia, el cambio en el comportamiento de las personas. En la primera sección desarrollaré un tema central al respecto: el alineamiento de la cultura con la estrategia. En la segunda sección haré una reseña sobre cómo encarar el lado humano del cambio en proyectos del sistema técnico. En las tres secciones subsiguientes trataré respectivamente tres temas que anticipé en el Capítulo 11: la resistencia al cambio, el manejo de la transición psicológica y los factores de la motivación que pueden jugar en el proceso de cambio. En la última sección comentaré ciertos problemas que suele plantear el cambio en el comportamiento.

Alineamiento de la cultura con la estrategia

La cultura de una organización está dada por los comportamientos predominantes de sus miembros y por los valores y creencias que los sustentan. También puede hablarse de la cultura de un sector de la organización, porque los distintos sectores que la componen no necesariamente comparten una misma cultura.

Se ha discutido mucho acerca de cuánto tiempo y esfuerzo puede requerir el cambio de la cultura, e incluso si es o no factible. Pero, más allá de las generalizaciones, es evidente que en toda organización hay comportamientos concretos que favorecen la implementación de su estrategia, así como hay otros que actúan en contrario. Y es misión irrenunciable de la gerencia reforzar los primeros y superar los segundos. De esto se trata, llámese cambio de la cultura o de otra manera. Para ello, propongo la metodología siguiente:

I. Partir de una definición precisa de los objetivos y estrategias que surgen del planeamiento estratégico.
II. Analizar el alineamiento de los miembros de la organización con dichos objetivos y estrategias.
III. Diseñar las intervenciones específicas tendientes a lograr tal alineamiento.

La metodología es aplicable a una organización tomada en conjunto o a un sector de ella (división, área funcional, etcétera). Si se trata de un sector, en cuanto a la estrategia cabe aplicar el enfoque propuesto en el Capítulo 7, en el sentido de que es válido el planeamiento estratégico en distintos niveles de la organización.

Para el punto de partida señalado en I, si no se dispone de una definición precisa de los objetivos y estrategias pertinentes, habrá que encarar el desarrollo o la revisión del proceso de planeamiento estratégico correspondiente.

Con relación al análisis del alineamiento indicado en II, los conceptos siguientes son pertinentes:

A. Como dije al inicio, la cultura comprende los comportamientos predominantes, así como también los valores y las creencias que los sustentan.

B. Estos elementos dependen de múltiples factores:

- La influencia de las personas que en el pasado y en la actualidad han detentado el mayor poder en la organización.
- Los condicionamientos del entorno.
- El tipo de tareas que se lleva a cabo (por ejemplo, no es lo mismo una empresa de consumo masivo que una institución educativa).
- Las características personales de los miembros de la organización.

Dichos factores no solo afectan la cultura, sino que también interactúan entre sí. Por ejemplo, los condicionamientos del entorno pueden influir sobre las actitudes de las personas más poderosas.

C. En el análisis del alineamiento conviene enfocar:

- Por una parte, el comportamiento y los valores y creencias de los miembros de la organización en general.
- Por otra parte, las características de las personas que detentan el mayor poder.
- La relación entre ambas partes, especialmente la influencia de la segunda sobre la primera.

En cuanto a la primera parte planteada en C, es conveniente:

1. Identificar los principales comportamientos actuales y sus respectivos valores y creencias subyacentes. Para ello puede emplearse una guía de los aspectos del comportamiento a tomar en cuenta. En este orden recomendamos el listado que figura en el "Módulo 63. Trabajo en equipo - Atributos del grupo", del libro *Las conversaciones de trabajo,*

de Santiago Lazzati (Ediciones Granica, 2014). También cabe utilizar instrumentos de diagnóstico sobre la disposición al cambio ("readiness") de la gente, como los que suelen usarse en los procesos referidos en la sección siguiente.

2. En función de los objetivos y estrategias señaladas en I, distinguir los comportamientos favorables de los desfavorables. Aquí es aplicable el análisis de las "fuerzas del campo" desarrollado por Kurt Lewin.

3. Sobre la base de la distinción indicada en 2, elaborar la siguiente trilogía de comportamientos:
   – A discontinuar (desfavorables actuales).
   – A reforzar (favorables actuales).
   – A promover (nuevos favorables).

4. En dicha distinción, no perder de vista los valores y creencias subyacentes.

Con respecto a la segunda parte de lo propuesto en C, corresponde examinar:

• El ejercicio de los roles gerenciales por parte de los gerentes, incluyendo la evaluación de las competencias gerenciales correspondientes a cada rol. Estos temas los traté en la primera parte del libro.

• El estilo de liderazgo de los gerentes, particularmente de la alta gerencia. Para esto pueden utilizarse distintos modelos, como el de directivo vs. participativo, el de orientado a las personas y/o a la tarea y los resultados, el de liderazgo situacional, etcétera.

A fin de integrar las dos partes indicadas precedentemente, corresponde analizar la relación entre el comportamiento de los gerentes y el comportamiento del resto de la gente, especialmente la influencia del primero sobre el segundo. Aquí puede ser muy útil disponer de información proveniente de la aplicación de "feedback 360°" o "feedback múltiple".

Como corolario del proceso señalado, es conveniente elaborar respecto de los gerentes los pasos ya señalados más arriba en 2, 3 y 4 para los miembros de la organización en general.

El producto principal de la etapa precedente está dado por la identificación de comportamientos a discontinuar, a reforzar y a promover, tanto para los gerentes como para el resto de los miembros de la organización. Ello debe disparar las intervenciones respectivas. Pero deben tenerse en cuenta no solo los comportamientos en sí, sino también los valores y las creencias subyacentes, que a su vez dependen de las experiencias vividas. Por ello las intervenciones deben generar experiencias que influyen positivamente y contrarrestar o discontinuar experiencias que influyen negativamente.

Como marco de referencia de las intervenciones a realizar me remito al capítulo precedente. Sobre esta base, en cuanto al cambio de la cultura de la organización, resalto las siguientes intervenciones de diseño e implementación:

- Acciones directas sobre las personas: actividades de capacitación y coaching, de participación de la gente en el proceso de cambio, de comunicación acerca de los planes de cambio y su ejecución, de feedback, de movimiento de gente (incorporación, transferencia o desvinculación), etcétera.
- Desarrollo de sistemas en el área funcional de la gestión de los recursos humanos: modelo de competencias requeridas, políticas y procedimientos de reclutamiento de gente, estrategias de capacitación

y desarrollo, régimen de evaluación y recompensas, etcétera.
- Modificación en los demás elementos de la arquitectura: rediseño de la estructura, mejora del planeamiento y control de las operaciones, desarrollo del sistema de información, etcétera.

Cabe resaltar la importancia del régimen de evaluación y recompensas en cuanto a su influencia en el comportamiento de los miembros de la organización. De una manera u otra, es necesario alentar/premiar los comportamientos favorables y desalentar/castigar los comportamientos desfavorables. O sea, apelar, en mayor o menor grado, a la motivación extrínseca de la gente, sin perjuicio del valor de la motivación intrínseca, que es clave para el éxito de la organización.

En el proceso descripto suele ser conveniente que se aplique un estilo participativo en todos los niveles de la organización, a fin de facilitar el aporte, el compromiso y la motivación de la gente. Asimismo, es indispensable hacer un seguimiento adecuado de la marcha del proceso, sobre todo por parte de la alta gerencia, a fin de asegurar el cumplimiento de los objetivos perseguidos.

El lado humano del cambio en proyectos del sistema técnico

En el Capítulo 11 señalé que la organización es un sistema sociotécnico, que comprende un sistema social y un sistema técnico. Dado un proyecto que pertenece total o parcialmente al sistema técnico, corresponde encarar además las modificaciones en el sistema social necesarias para lograr que el proyecto tenga éxito. Ejemplos de tal tipo de proyecto son la fusión de dos empresas (cuya razón de ser radica en la estrategia de negocio), el rediseño de la estructura, la instalación de un sistema de información, la mejora o reingeniería de procesos operativos, etcétera.

Denomino "el lado humano del cambio" a dichas modificaciones en el sistema social. Se trata del concepto limitado de gestión del cambio que señalé en el punto 3 del Capítulo 11. Se puede desglosar en cuatro ejes:

1. El del liderazgo y la motivación.
2. El del impacto en la organización.
3. El de la capacitación.
4. El de la comunicación.

El eje 1 comprende dos tipos de análisis de situación:

- Quiénes son o pueden ser los líderes y agentes del cambio; qué condiciones tienen para ello (poder, competencias y motivación); etcétera.
- Cómo afecta el cambio propuesto a las demás personas. Esto incluye el empleo de diversos instrumentos, como encuestas de la disposición al cambio ("readiness"), encuesta de clima, etcétera. Aquí son importantes los temas que trato en las próximas secciones.

El eje 2 explora la relación del proyecto con otros elementos de la organización, como la estructura o los sistemas. Esto, a su vez, es tenido en cuenta en el eje 1.

Los diagnósticos resultantes de los ejes 1 y 2 sirven de base para diseñar intervenciones consecuentes, que pueden implicar actividades de capacitación (eje 3), actos comunicacionales (eje 4) u otras intervenciones; por ejemplo, realizar actividades participativas o modificar el sistema de evaluación y recompensas.

El eje 3 abarca la capacitación, por una parte, de las personas asignadas al desarrollo del proyecto y, por otra parte, de las personas que habrán de aplicar el nuevo sistema que surja del proyecto.

El eje 4 es clave. En paralelo al desarrollo del proyecto es importante definir qué comunicar, a quién comunicar, cómo comunicar, etcétera.

La resistencia al cambio

Existen muchos motivos por los cuales las personas ofrecen resistencia al cambio. Entre ellos cabe distinguir: consecuencias personales desfavorables, barreras psicológicas y barreras intelectuales.

Las consecuencias personales desfavorables abarcan la pérdida de beneficios, poder, prestigio o privilegios.

Las barreras psicológicas comprenden:

• Falta de participación en el proceso (proyecto ajeno).
• Confrontación con una realidad desagradable.
• Opción por alternativas difíciles o desagradables.
• Necesidad de tomar una medida impopular o de afrontar un conflicto.
• Disonancia con supuestos acerca de la realidad, valores, estilos, vocaciones, etcétera, de carácter personal.
• Temor a lo desconocido.
• Abandono de un hábito arraigado.

Las barreras intelectuales incluyen:

• Falta de conocimientos.
• Desacuerdo sobre premisas o razonamientos.
• Modelos mentales cerrados.

La gente suele adoptar maneras indirectas de expresar su resistencia al cambio:

- Pedir más detalles.
- Inundar con detalles.
- Invocar falta de tiempo.
- Atribuir falta de practicidad.
- Manifestarse no sorprendido (restar importancia).
- Atacar.
- Mostrar confusión.
- Mantener silencio.
- Intelectualizar.
- Moralizar (echar la culpa a otros).
- Cumplir todo al pie de la letra, pero nada más.
- Cuestionar la metodología.
- Invocar que ya están ocurriendo mejoras significativas.
- Presionar por soluciones inmediatas.

Sin embargo, no necesariamente la gente ofrece resistencia al cambio. En este sentido el ser humano suele ser más racional de lo que se supone. Lo que ocurre es que muchos cambios tienen efectivamente consecuencias desfavorables para ciertas personas, y es natural que estas se resistan. Además, en ciertas ocasiones la resistencia no es al cambio en sí, sino al cambio impuesto. Esto tiene bastante que ver con las barreras psicológicas e intelectuales.

Por otra parte, hay cambios que generan sentimientos positivos: entusiasmo por un futuro mejor, liberación de una situación actual desagradable, satisfacción por el reconocimiento de ideas propias, expectativas de desarrollo personal, etcétera.

En general, la participación de la gente en los procesos de cambio ayuda a superar su resistencia. Sin embargo, hay situaciones que justifican un abordaje no participativo; por ejemplo, en el caso de personas que actúan como saboteadoras del proceso, cuando se prevé que no modificarán su conducta. En este caso puede que sea necesario aplicar medidas drásticas, como el despido.

El manejo de la transición psicológica

En su libro *Dirigiendo el cambio* (Deusto, 2004), William Bridges propone una distinción entre cambio y transición: destaca la importancia de diferenciar los cambios efectivos de las respuestas subjetivas de las personas a dichos cambios (las transiciones). Propone que, así como es necesario gerenciar el cambio, es de suma importancia el manejo de las transiciones.

El cambio está constituido por las transformaciones asociadas a las circunstancias, las condiciones y el ambiente que cambia para la persona, ya sea en su vida personal o en la vida de la organización. La transición es el acomodamiento interno de las personas a esa nueva realidad, es la manera en que vivencian el cambio. El concepto de cambio hace referencia al aspecto objetivo y observable; la transición es el aspecto subjetivo.

Los cambios pueden ser inmediatos, las transiciones demandan más tiempo. Por ejemplo, pueden asignarnos un nuevo puesto de trabajo (cambio), pero la adecuación a las nuevas tareas y la adaptación a esta nueva realidad (transición) pueden llevar mucho tiempo e incluso no lograrse.

Bridges destaca tres etapas distinguibles en todas las transiciones:

- Etapa 1: tiene que ver con la finalización del viejo estado de cosas, el "soltar" o "dejar ir algo". El cambio comienza con el cierre de alguna situación y es probable que se presenten sentimientos de pérdida y de miedo a lo desconocido. Para avanzar, es imprescindible abandonar la vieja situación. Esta etapa está asociada al proceso de resistencia al cambio, desarrollado en la sección precedente.

- Etapa 2: es la llamada zona neutral. Es el proceso psicológico por el que las personas deben pasar para encontrarse en sintonía con la nueva situación. Es importante entender que el cambio no sucede sin este proceso. Es un paso intermedio entre la realidad vieja y la nueva. Normalmente se siente confusión, pero a la vez esta fase puede utilizarse para aprovechar el proceso de cambio.
- Etapa 3: es el nuevo inicio, los primeros pasos dentro de la nueva realidad. La persona ve más claras sus perspectivas, empieza a vislumbrar de forma más nítida lo que está concretando. Es la etapa de consolidación de una visión precisa y pertinente. Es la etapa más creativa, ya que se deben inventar nuevas formas de hacer las cosas.

Las tres etapas son inevitables y necesitan ser atravesadas para gestionar el cambio con efectividad.

Los factores organizacionales de la motivación

En general, el cambio propuesto en el comportamiento humano debe apelar tanto a la motivación intrínseca como a la extrínseca. En la gestión del cambio es importante tomar en cuenta los factores organizacionales de la motivación, para explorar posibles reacciones de la gente y decidir a qué factores recurrir para favorecer el cambio. En este sentido es oportuno distinguir las siguientes categorías de factores:

A. La influencia de la tarea y los resultados.
B. Los beneficios que la organización le brinda a la persona.

C. El ambiente humano.
D. La integración entre los valores y objetivos de la organización y los de la persona.

Dadas las condiciones de la organización, ellas pueden afectar de manera muy distinta la motivación de cada uno de sus miembros, en función de sus preferencias y necesidades. Por ejemplo, la flexibilidad que se indica en el punto 3 de la siguiente enumeración puede ser muy valorada por un individuo pero bastante menos por otro.

La influencia señalada en A, que en general está más relacionada con la motivación intrínseca, comprende:

1. La atracción de la tarea, que tiene mucho que ver con la vocación de la persona.
2. Las condiciones físicas en que se desenvuelve la tarea: disponibilidad de recursos, comodidades, lugar de trabajo, etcétera.
3. La flexibilidad en cuanto a horario, libertad de movimientos, etcétera.
4. El "empowerment" otorgado a la persona, que depende de sus posibilidades de participar en la toma de decisiones y de la autonomía en la realización de las tareas (correlato de la delegación recibida). Esta variable está muy vinculada con el estilo gerencial o de liderazgo de sus supervisores, que se identifica más adelante en 1 de C.
5. El estrés causado por el trabajo. Aquí juega un rol importante el sistema de gestión del desempeño (planeamiento y control de las operaciones, régimen de evaluación y recompensas, etcétera), especialmente por la presión que puede ejercer sobre el individuo. Claro que esta puede resultar ventajosa o contraproducente en función del umbral de estrés del individuo (punto de inflexión en el cual el estrés pasa de ser positivo a negativo).

Los beneficios referidos en B, que en general están más relacionados con la motivación extrínseca, comprenden:

1. Las compensaciones y otros beneficios por todo concepto. Aquí cabe distinguir tres aspectos:
   - El valor otorgado a la compensación o al beneficio en sí.
   - La comparación con las compensaciones o beneficios que se brindan a otros miembros de la organización, como cuestión de justicia.
   - El régimen de la compensación o el beneficio en cuanto a si opera o no como incentivo (por ejemplo, la remuneración variable), lo cual remite al punto siguiente.
2. Los incentivos establecidos para inducir el desempeño perseguido (como un "bonus" de fin de año), así como también el reconocimiento por los logros.
3. Las posibilidades de aprendizaje por medio de la capacitación formal, el coaching, el trabajo desafiante, la rotación en las tareas, etcétera.
4. Las oportunidades de carrera; por ejemplo, de promoción a niveles superiores, el acceso a destinos interesantes, etcétera.

El ambiente humano indicado en C comprende:

1. La relación de la persona con sus superiores jerárquicos. En este orden juegan múltiples factores: el trato que ellos dispensan a la persona (respeto, confianza, etcétera), el estilo gerencial o de liderazgo de los superiores (participativo o directivo, orientado a la tarea y los resultados y/o a la gente, etcétera), la confianza que la persona tiene en sus superiores (lo cual se vincula con la percepción de la persona acerca de los valores de ellos), etcétera.

En esta relación cabe distinguir:

• La relación con el jefe, que por su proximidad es la que suele tener más impacto. Las investigaciones indican que constituye uno de los factores más influyentes.
• La relación con otros superiores: el jefe del jefe, los miembros de la alta gerencia, etcétera.
2. El clima de las relaciones interpersonales e intergrupales, que incluye la comunicación, el trabajo en equipo, el nivel y el manejo del conflicto, etcétera.
3. El comportamiento de la organización frente a la diversidad: nacionalidad, raza, género, religión, etcétera.

La integración referida en D comprende:

1. La identificación de la persona con la misión y los valores de la organización.
2. La medida en que la organización favorece o perjudica un adecuado equilibrio entre trabajo y calidad de vida.

Los factores indicados influyen tanto en la motivación como en la satisfacción de los miembros de la organización. Sin embargo, la motivación y la satisfacción no necesariamente van juntas. Por ejemplo, una persona puede estar muy satisfecha pero con escasa energía y poco orientada al logro de los objetivos de la organización. Vale decir que puede sentirse satisfecha aunque no motivada. Pero, en general, la insatisfacción suele ir acompañada de la desmotivación.

Por otra parte, el concepto de motivación puede considerarse sinónimo del de "compromiso", en el sentido más amplio de ambos términos. Podemos decir que una persona motivada está comprometida, y viceversa. No obstante, algunos prefieren emplear la palabra *motivación* más bien con relación a la tarea y *compromiso* con respecto a la organización. En última instancia, se trata de una convención semántica.

Problemas habituales

Numerosos planteos de cambio apuntan directamente a modificar el comportamiento humano: que la gente aumente su compromiso con la organización, que sea más responsable, que demuestre más iniciativa, que genere innovación, que preste mejor servicio a los clientes, que refuerce su orientación a los resultados, que trabaje en equipo, que reduzca barreras defensivas, que evite conflictos interpersonales contraproducentes, que mejore su liderazgo, que sea más participativa, que brinde un adecuado coaching a sus colaboradores, etcétera. Pero tales planteos tropiezan con serias complicaciones.

La primera es la brecha entre lo ideal y lo factible. Aquí suele ser aplicable el concepto de que lo perfecto es enemigo de lo bueno. En materia de comportamientos, muchas veces es preferible fijar metas alcanzables y encarar el cambio con convicción, que pregonar objetivos que representan meras expresiones de deseo, habida cuenta de la cultura organizacional, del estilo de aquellos que tienen mayor poder y de la situación de los recursos humanos.

Una segunda complicación es la dificultad para identificar las intervenciones exitosas. En el terreno conductual, el impacto de las acciones directas sobre las personas (capacitación, comunicación, etcétera) es limitado. En general, es conveniente recurrir también a intervenciones en la arquitectura y en la operación para provocar cam-

bios en el comportamiento; por ejemplo, el rediseño de
la estructura, la modificación del régimen de evaluación
y recompensas (parte crucial de la gestión de los recursos
humanos), el perfeccionamiento del sistema de planeamiento y control de las operaciones, el desarrollo de los
sistemas de información (incluyendo los indicadores de
desempeño), etcétera. Se trata de algo paradojal: una parte significativa de las intervenciones orientadas al cambio
en el comportamiento de las personas no radica en acciones directas sobre los individuos, sino en alterar elementos no humanos de la organización. De la misma manera
que, por otra parte, por medio de acciones directas sobre
las personas pueden crearse las condiciones para mejorar la arquitectura o la operación. Las organizaciones son
sistemas sociotécnicos, en donde lo social tiene gran influencia sobre lo técnico, y viceversa. Y el arte del cambio
organizacional consiste precisamente en articular estas relaciones recíprocas.

Una tercera complicación es ocasionada por la existencia de niveles jerárquicos. En este planteo cabe señalar distintos aspectos a cambiar en función del nivel jerárquico.
Por ejemplo, se propone que los mandos medios desarrollen más iniciativa; pero esto requiere que la alta gerencia
les brinde a los mandos medios un mayor "empowerment",
lo cual demanda un cambio en el estilo de liderazgo del
número uno de la organización. Ello implica que para un
determinado nivel (en el ejemplo, los mandos medios),
además de las intervenciones directas en sus miembros y de
las intervenciones pertinentes en la arquitectura y la operación, se necesitan intervenciones en el nivel inmediato
superior (en el ejemplo, la alta gerencia); y que, a su vez,
estas últimas exigen su respectivo set de intervenciones, y
así sucesivamente. Esto implica que la palanca fundamental
radica en la alta gerencia, y a veces aquí reside la dificultad
primordial. Por norma, la alta gerencia debe aglutinar a

los líderes principales del cambio. En materia de comportamiento, es natural que un líder del cambio lo aliente en otras personas, pero suele ocurrir que el propio líder no tome plena conciencia de lo que él debe modificar para favorecer el cambio de los demás.

ANÁLISIS DE COMPORTAMIENTOS EN MI ÁREA
DE RESPONSABILIDAD

A. Dados los objetivos de mi área de responsabilidad, identificar los comportamientos:

1. A discontinuar (desfavorables actuales)

2. A reforzar (favorables actuales)

3. A promover (nuevos favorables)

B. Identificar las intervenciones correspondientes a fin de discontinuar, reforzar o promover los comportamientos identificados en A, respectivamente.

PARTE IV

APLICACIÓN A LAS PYMES

CAPÍTULO 14

LOS DESAFÍOS DEL DUEÑO DE UNA PYME QUE GERENCIA SU EMPRESA

ROLES DEL DUEÑO - GERENTE	ETAPAS DE LA PYME			
	Concepción - Factores claves	Puesta en marcha	Creci-miento	Desarrollo organiza-cional
Operador	"Know how"			
Administrador		¿Evolución de los roles?		
Arquitecto	Estratega			
Humano				

En general, cuando se pretende caracterizar la diferencia entre una pyme y una empresa grande, se recurre a indicadores de tamaño (facturación, cantidad de personas, etcétera). Sin perjuicio de ello, existe otra dimensión diferenciadora, que es el grado de desarrollo organizacional. Se supone que, en principio, habrá de existir cierta correlación entre el tamaño y dicho desarrollo; sin embargo, no siempre es así. Por otra parte, muchas pymes son empresas familiares; pero hay pymes que no lo son y, a su vez, hay empresas familiares que ya dejaron de ser una pyme. Estas tres dimensiones (tamaño, desarrollo organizacional y empresa familiar) configuran una problemática bastante compleja, que no intento abordar integralmente en este capítulo. Me concentraré en un factor común de muchas empresas que participan en una o más dimensiones de la problemática indicada: el dueño es el CEO de la empresa, con dedicación "full time". Habitualmente, se trata de una pyme, su desarrollo organizacional es bajo y es probable que sea una empresa familiar. Sus características pueden extenderse al caso en que hay dos o más dueños trabajando en la empresa y entre ellos

193

se distribuyen las funciones de CEO. También se pueden dar parcialmente en empresas donde el dueño o los dueños no ejercen funciones de CEO, pero intervienen bastante en el management, y el desarrollo organizacional deja que desear.

En el Capítulo 11 establecí la distinción entre el "negocio" y la "administración" de la organización. A grandes rasgos, el primero abarca la operación (que pertenece a un ramo de actividad), la estrategia (explícita o tácita) y los resultados. La segunda comprende principalmente la estructura, los procesos gerenciales y las personas.

Ahora bien, normalmente al dueño de la empresa le interesa más que nada el éxito del negocio; primero porque la operación suele estar asociada a su vocación laboral, y segundo porque los resultados contribuyen a sus objetivos personales. El resto de la organización tiende a constituir un medio para cubrir las necesidades del negocio. Su desarrollo en sí no suele representar un objetivo primordial. Y es natural que así sea. Aún más, me animo a decir que algunos dueños ven al resto de la organización casi como un mal necesario. Además, una parte significativa de los elementos que componen este resto es cubierta directamente por el conocimiento y el accionar del propio dueño, que llena así los vacíos de estructura y de sistemas.

A continuación identificaré ciertas etapas de la evolución de una pyme y analizaré los roles del diseño en cada una de ellas.

Primeras etapas de la pyme

Las primeras etapas comprenden:

1. La concepción de la empresa.
2. La puesta en marcha.
3. El crecimiento.

Habitualmente, en la concepción de la empresa, su fundador pone en juego las siguientes competencias centrales:

- El atributo de empresario o emprendedor, aplicable a la función de estratega que señalé al inicio del Capítulo 6, como parte del rol de arquitecto.
- Ciertos conocimientos como operador, generalmente en las áreas de producción o comercialización, que habrá de aplicar a su trabajo en la empresa.

A partir de la puesta en marcha, en donde es común que la organización cuente con un grupo reducido de personas, el dueño necesita concentrarse en los roles de operador y administrador, a fin de generar los ingresos que garanticen la supervivencia de la empresa. En tanto administrador, es usual que el dueño tienda a adoptar una supervisión estrecha de las tareas; o sea, el comportamiento indicado en I de la sección del Capítulo 5 referente al ejercicio del rol de administrador, más por una cuestión de necesidad que de estilo, aunque puede ser que tal comportamiento responda al estilo del dueño. El hecho de que se concentre en los roles de operador y administrador puede significar que se vea obligado a suspender o reducir su función de estratega.

Si la empresa va teniendo éxito, tiende a reaparecer en el dueño su inclinación por la función de estratega con orientación al crecimiento futuro. Pero es probable que recurra al planeamiento estratégico emergente y no al deliberado (aquí me remito a la sección respectiva del Capítulo 9).

En estas dos etapas, de puesta en marcha y de primer crecimiento, suele ser normal que el dueño no dedique mayor tiempo al diseño de la estructura y al desarrollo de sistemas, como parte del rol de arquitecto: las necesidades pertinentes las cubre puntualmente por medio del rol de administrador. Por otra parte, el rol humano depende de diversos factores, principalmente del tipo de empresa (no es lo mismo una fábrica que una institución educativa) y de las características personales del dueño (sobre todo sus valores, su personalidad y su inteligencia emocional).

Si continúa el crecimiento surge el desafío de un mayor desarrollo organizacional, que comentaré en la sección siguiente.

Etapa del desarrollo organizacional

En la mayoría de las empresas, el éxito del negocio se mide primeramente en términos de crecimiento y de rentabilidad. Y por aquí aparece la importancia del desarrollo del resto de la organización. Si el negocio crece y se complejiza, surge la necesidad de hacer ciertos cambios: rediseñar la estructura y desarrollar sistemas para mejorar los procesos gerenciales, incluyendo el planeamiento estratégico, el planeamiento y control de las operaciones, la gestión de los recursos humanos, etcétera. A esto se agrega la demanda de incorporar más personas, no solo para responder al crecimiento de la operación, sino también para encarar dichos cambios. Esto es lo que se ha dado en llamar "profesionalización". A veces la palabra provoca rechazo en el dueño de la empresa, porque puede interpretar que implica algo teórico o académico, alejado de su problemática real. Pero, se lo llame de una manera u otra, el desafío se hace presente. Y, si no se lo enfrenta debidamente, puede atentar contra la sustentabilidad del negocio.

En el desafío intervienen diversos factores: la conveniencia de un cambio de rol en el dueño, la decisión de invertir en el futuro (muchas veces a expensas de la distribución actual de utilidades) y el riesgo que esto significa, y eventualmente la resolución de cuestiones de la empresa familiar. A continuación me concentraré en el primer factor.

El cambio de rol del dueño entraña que debe delegar funciones en otras personas. Esto puede tener diversas instancias: continuar como CEO pero otorgar más "empowerment" a sus reportes directos en el marco de cierta estructura funcional, pasar de una estructura funcional a una divisional con verdaderos gerentes de unidades de negocio, nombrar un CEO limitándose el dueño a la función de presidente del Directorio, etcétera.

Aunque el dueño de la empresa continúe como CEO, en general debe encarar ciertos cambios en el ejercicio de sus roles gerenciales:

- Reducir su dedicación a lo operativo, para brindar más espacio a los roles de arquitecto y humano. Esto implica disminuir el rol de operador y modificar el comportamiento en cuanto al rol de administrador: pasar de comportamientos del tipo indicado en I (supervisión estrecha de las tareas) a los del tipo indicado en II (enfoque de la gestión por objetivos) de la sección sobre ejercicio del rol de administrador del Capítulo 5.
- Incrementar el rol de arquitecto, incluyendo:
  - Adoptar el planeamiento estratégico deliberado, en adición al emergente.
  - El rediseño de la estructura y el desarrollo de sistemas. Esto puede lograrlo ocupándose personalmente, asignando responsabilidades específicas a sus colaboradores o recurriendo a consultores externos (opciones que no son excluyentes).
- Aumentar también el rol humano, con miras al desarrollo de los miembros de la organización.

La gestión exitosa de los cambios enunciados en los dos apartados precedentes depende en gran medida de ciertas características personales del dueño:

- En general, su "know how" y su vocación, que configuran su zona de confort, y que versan más sobre la operación (particularmente producción y/o comercialización) y la estrategia respectiva (por ello creó la empresa).
- Su escala de valores respecto del trabajo, la familia, etcétera.
- Sus intereses personales, que a su vez están condicionados por el punto en que se encuentra dentro de su ciclo de vida.
- Su personalidad, que afecta poderosamente su estilo de conducción.

A ello se agrega, en el caso de la empresa familiar, el rol a otorgar a otros miembros de la familia.

La personalidad merece un párrafo aparte. A lo largo de mi experiencia profesional, reforzada por las demás fuentes confiables de conocimiento, he ido comprobando cada vez más la influencia que ejerce sobre el destino de una organización la personalidad de quienes la conducen. Los rasgos de personalidad constituyen la inclinación del individuo a comportarse de cierta manera, a repetir patrones de conducta. En gran medida son genéticos o adquiridos en una etapa temprana de la vida. Por lo tanto, son difíciles de cambiar, o incluso de adaptar a las necesidades situacionales (inteligencia emocional). Esta realidad me ha llevado muchas veces a orientarme más a la solución factible que a la ideal, criterio que tiene sus riesgos e inconvenientes. En este orden, las decisiones del dueño de la empresa, y la ayuda que puede recibir al respecto, se relacionan no solo con el campo de la administración de empresas, sino también con el de la psicología, e incluso de la filosofía ("las preguntas de la vida", como diría Fernando Savater).

ANÁLISIS DEL ESTILO DEL DUEÑO DE LA EMPRESA RESPECTO DE SU EJERCICIO DE LOS ROLES GERENCIALES

ROLES	CARACTERIZAR EL ESTILO ACTUAL	IDENTIFICAR CAMBIOS A ENCARAR PARA FAVORECER EL DESARROLLO ORGANIZACIONAL
OPERADOR		
ADMINISTRADOR		
ARQUITECTO		
HUMANO		

CAPÍTULO 15

DESARROLLO ORGANIZACIONAL DE LA PYME

DIAGNÓSTICO INTEGRAL

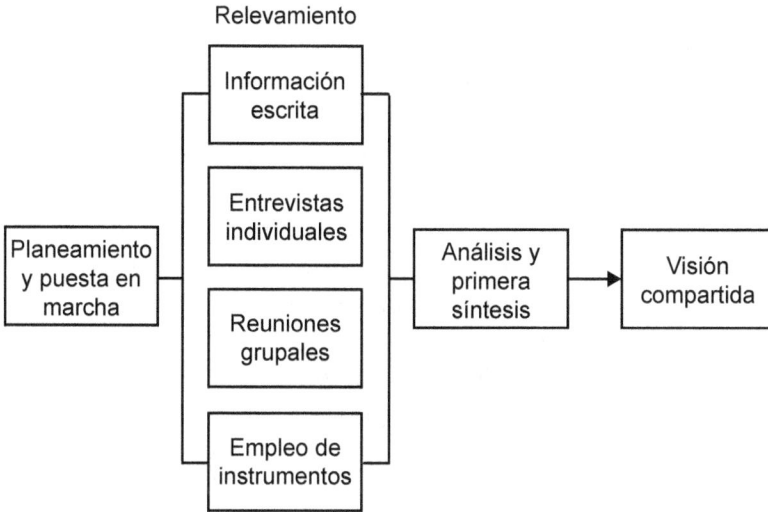

Relevamiento

```
                    ┌──────────────┐
                    │  Información │
                    │    escrita   │
                    └──────────────┘

                    ┌──────────────┐
                    │  Entrevistas │
┌──────────────┐    │ individuales │    ┌──────────────┐    ┌──────────────┐
│ Planeamiento │    └──────────────┘    │  Análisis y  │    │              │
│ y puesta en  │                        │   primera    │──▶ │    Visión    │
│    marcha    │    ┌──────────────┐    │   síntesis   │    │  compartida  │
└──────────────┘    │  Reuniones   │    └──────────────┘    └──────────────┘
                    │   grupales   │
                    └──────────────┘

                    ┌──────────────┐
                    │  Empleo de   │
                    │ instrumentos │
                    └──────────────┘
```

En el Capítulo 5, en la sección titulada "Desafíos y dificultades", resalté que todo gerente, en su respectiva área de responsabilidad, afronta dos grandes desafíos:

I. Lograr los mejores resultados sobre la base de la organización actual. Aquí es clave la eficiencia.
II. Ir transformando la organización, en mayor o menor grado, para crear las condiciones que habrán de favorecer los resultados del mañana. Aquí son claves la innovación y el desarrollo de las personas.

Estos desafíos del gerente lo son asimismo de la organización como tal, incluyendo a la pyme. En este capítulo me concentraré en el desafío identificado en II, que denomino "desarrollo organizacional".

A lo largo de mi actividad profesional como consultor de pymes he tenido la oportunidad de interiorizarme de la problemática de su desarrollo organizacional. Al respecto puedo destacar las siguientes necesidades:

A. Diagnóstico integral de la organización y bosquejo a grandes rasgos de las intervenciones necesarias para encaminar su desarrollo. En la gran mayoría de los casos, tal bosquejo incluyó la conveniencia de encarar el proceso de planeamiento estratégico deliberado, que se refiere a continuación en B.

B. Planeamiento estratégico deliberado. La propuesta de realizar este planeamiento, nació como primer paso para el desarrollo de la organización, o bien surgió como corolario del diagnóstico señalado en A.

C. Gestión del cambio organizacional, como consecuencia de las conclusiones del diagnóstico indicado en A o del planeamiento estratégico señalado en B. A su vez, dicha gestión comprendió proyectos específicos como los que identifico a continuación en D y E.

D. Desarrollo del sistema de gestión del desempeño que comprende, por una parte, el planeamiento y control de las operaciones y, por otra parte, ciertas funciones claves de la gestión de los recursos humanos.

E. Desarrollo del sistema de información y/o mejora de los procesos operativos. Normalmente, estos cambios en el sistema técnico deben ir acompañados de las modificaciones correspondientes en el sistema social.

F. Desarrollo de las competencias y la motivación de las personas, especialmente de quienes ocupan posiciones gerenciales.

En la sección siguiente trataré el diagnóstico referido en A. En cuanto a los demás procesos, a continuación hago referencia a las partes del libro que tratan conceptos y técnicas inherentes a esos procesos:

A. Planeamiento estratégico deliberado - Capítulo 9.
B. Gestión del cambio organizacional - Capítulos 11, 12 y 13 (tercera parte del libro).
C. Desarrollo del sistema de gestión del desempeño - Sección respectiva del Capítulo 10.
D. Modificaciones en el sistema social complementarias del desarrollo del sistema de información y/o mejora de los sistemas operativos - Sección sobre "El lado humano del cambio en proyectos del sistema técnico" del Capítulo 13.
E. Desarrollo de las competencias y la motivación de las personas - Capítulos 1 a 6 (primera parte del libro), y sección sobre "Los factores organizacionales de la motivación" del Capítulo 13.

Además, he tratado múltiples temas acerca del desarrollo de las personas en *El cambio del comportamiento en el trabajo* (Ediciones Granica, 2008) y en los siguientes libros de la colección "Management en Módulos", también de Ediciones Granica:

- *La toma de decisiones* (editado en 2013), que enfoca el proceso de resolución de problemas y toma de decisiones.
- *Las conversaciones de trabajo* (editado en 2014), que enfoca los grupos y las relaciones interpersonales.
- *Competencias, cambio y coaching* (editado en 2015, en coautoría con Matías Tailhade y Mercedes Castronovo), que enfoca al individuo y su desarrollo personal.

Los conceptos y técnicas comprendidos en los textos citados en general son aplicables tanto a las pymes como a las grandes empresas.

Quiero destacar que mi participación en las actividades señaladas en A y B ha sido habitualmente la de "consultor en procesos", que consiste principalmente en diseñar y facilitar el proceso correspondiente, así como también formular preguntas inteligentes para que los miembros de la organización, en el marco del proceso establecido, realicen sus aportes al contenido, y no tanto que sea el consultor quien haga esos aportes. La consultoría en procesos suele comprender lo siguiente:

- Asesorar acerca de planificación, organización y control de proceso.
- Brindar información útil sobre experiencias de otras organizaciones en la materia.
- Suministrar metodología, modelos y herramientas de aplicación efectiva.
- Proponer y eventualmente proporcionar las actividades educativas pertinentes.
- Actuar como facilitador en reuniones de trabajo.
- Dar "feedback" a los participantes en el proceso, como base para la mejora continua.
- Asistir personalmente a cada uno de los miembros de la organización que lo requieran, para desarrollar sus habilidades interpersonales, incluyendo la ayuda para superar comportamientos disfuncionales.

A juzgar por mi experiencia, habitualmente el dueño o los dueños de la pyme y el resto de los miembros de más nivel poseen los conocimientos suficientes para cubrir la mayoría de los aportes pertinentes al contenido con respecto a las actividades indicadas en A y B. En este campo, creo que el rol del consultor debe consistir más bien en ayudar a que ellos sean quienes generen la información, las ideas, los juicios y las conclusiones correspondientes.

Diagnóstico integral de una pyme

En mi práctica de consultoría he encarado la evaluación del funcionamiento de una pyme de diversas maneras. Sin embargo, en muchos casos he utilizado cierta metodología que me ha resultado bastante eficaz. Creo que ella puede ser interesante para el lector.

El objetivo de la metodología es que la cúpula directiva de la pyme desarrolle una *visión compartida* acerca de:

I. Los principales problemas que afronta la organización.

II. El bosquejo, a grandes rasgos, de las intervenciones necesarias para encarar la solución de dichos problemas.

Se entiende por "problema" la brecha entre una situación actual o proyectada y un objetivo; la situación proyectada es aquella que puede llegar a ocurrir independientemente del objetivo. Este concepto amplio de *problema* abarca:

1. Los "problemas negativos o potenciales", cuando la situación actual no satisface el objetivo prefijado o la situación proyectada puede ser insatisfactoria, respectivamente.

2. Las "cuestiones de implementación", cuando ya se ha fijado un objetivo, y no necesariamente se observa un problema negativo o potencial, pero es preciso definir cómo se va a concretar dicho objetivo.

3. El "aprovechamiento de oportunidades", cuando a partir de un objetivo general (explícito o implícito), y generalmente a raíz de nueva información, se plantea la posibilidad de desarrollar nuevos objetivos. En este caso, de todos modos, se genera una brecha entre la situación actual o proyectada y el objetivo.

Si bien dicho concepto amplio incluye el "aprovechamiento de oportunidades", para muchas personas el empleo de la palabra "problema" tiene una connotación negativa. Por ello, para darle al proceso un espíritu más optimista, cabe sustituir la palabra "problema" por "desafío". En sustancia, es lo mismo.

La metodología comprende las siguientes etapas:

A. Planeamiento y puesta en marcha del proceso.
B. Relevamiento.
C. Análisis y primera síntesis.
D. Desarrollo de una visión compartida.

Planeamiento y puesta en marcha del proceso

La primera etapa del planeamiento incluye habitualmente:

1. Acuerdo acerca de las actividades a realizar y su secuencia, y de quién será el responsable de su coordinación por parte de la empresa.
2. Identificación del "grupo directivo" que participará en el desarrollo de la visión compartida. Normalmente el grupo directivo se compone del Ejecutivo N° 1 (Gerente o Director General, CEO, etcétera) y las personas que le reportan directamente. Si la empresa tiene un Directorio (o Consejo de Administración) activo, cabe sumar a algunos de sus miembros que no sean ejecutivos, pero que estén en condiciones de hacer contribuciones valiosas. Por otra parte, se puede incorporar al grupo a otros miembros de la organización, además de los reportes directos al Ejecutivo N° 1; o también a un asesor o asesores externos que puedan brindar aportes significativos.

3. Identificación de las personas a entrevistar: los integrantes del grupo directivo indicado en el punto precedente más otras personas.
4. Reunión o reuniones de puesta en marcha; introducción al proceso y capacitación pertinente. Aquí es útil emplear un modelo de análisis organizacional, como el que presenté en el Capítulo 2, a fin de favorecer el desarrollo del marco conceptual y el lenguaje de comunicación.

En general, el relevamiento comprende los siguientes procedimientos:

1. El análisis de información escrita descriptiva de la organización y de sus resultados (estados contables, indicadores de desempeño, etcétera).
2. Entrevistas individuales a las personas indicadas en el punto 3 precedente. Cada una de estas entrevistas puede tener dos objetivos:
   • Obtener información acerca del área a cargo del entrevistado (complemento de la información escrita referida en 1 de este mismo apartado).
   • Obtener su opinión acerca de los problemas de la organización tomada en conjunto. En este sentido, por ejemplo, el gerente de administración y finanzas bien puede identificar un problema del área comercial, y expresar su opinión al respecto.
3. Reuniones grupales, especialmente para identificar y priorizar problemas. Para estas reuniones suele ser conveniente aplicar la "técnica de grupo nominal", que explico en los módulos 52, 53 y 54 de mi libro *Conversaciones de trabajo,* de la colección "Management en Módulos" (Ediciones Granica, 2014).

4. Empleo de instrumentos de diagnóstico acerca de:
- El funcionamiento de la organización o de sus elementos. Aquí cabe utilizar, entre otros instrumentos, el cuestionario que comento en la próxima sección.
- Los estilos de los miembros del grupo directivo y de otros miembros de la organización. Para esto suelo recurrir al *Myers-Briggs Type Indicator* (MBTI), instrumento que responde al denominado modelo de Myers-Briggs.

Sobre la base del relevamiento indicado en los puntos precedentes y con un *enfoque sistémico* (favorecido por el empleo del modelo de análisis organizacional) se elabora:

- Un análisis consolidado de los problemas.
- Un bosquejo, a grandes rasgos, de las intervenciones necesarias para encarar la solución de dichos problemas.

El producto de esta elaboración es un documento preliminar que constituye el material de trabajo para la etapa siguiente.

El grupo directivo indicado más arriba revisa el documento referido en el párrafo precedente, trabajando en grupo y tratando de lograr una visión compartida al respecto. Acordadas las intervenciones necesarias para encarar la solución de los problemas, se asignan las responsabilidades correspondientes. Estas intervenciones pueden comprender cualquiera de las que indiqué en B a F de la sección anterior.

El rol del consultor en el proceso descripto puede ser el siguiente:

- En la primera etapa, liderar el planeamiento y la puesta en marcha, pero la identificación del grupo directivo y de las personas a entrevistar implica una decisión en la que la autoridad o autoridades de la empresa tienen la última palabra.

- En la segunda etapa, analizar la información escrita (con la colaboración de las personas pertinentes de la organización), realizar las entrevistas, facilitar las reuniones grupales y administrar los instrumentos correspondientes.
- En la tercera etapa, realizar el análisis consolidado de los problemas y el bosquejo de las intervenciones.
- En la cuarta etapa, presentar el producto de la tercera etapa, facilitar la reunión con el grupo directivo y realizar las tareas complementarias que resulten necesarias.

Cuestionario sobre los atributos de una pyme

Hace unos años conduje una serie de seminarios públicos acerca de la organización de una pyme, realizados en Buenos Aires, Mendoza, Córdoba y Salta, de una jornada completa cada uno. Todos tuvieron un mismo diseño: comprendían secciones en línea con los elementos del modelo de análisis organizacional presentado en el Capítulo 2: A) estrategia, B) estructura, C) planeamiento y control de gestión (o sea de las operaciones), D) sistemas de información/tecnología, E) administración de los recursos humanos, F) liderazgo y comportamiento humano, y G) operaciones. Al final de cada sección entregaba un cuestionario con preguntas referentes a la sección tratada. Las respuestas se recogían en el propio seminario. De esta manera, al cierre de la actividad acumulaba una encuesta que comprendía la temática de todas las secciones. Al cabo de los cuatro seminarios contaba con las respuestas de 350 participantes correspondientes a otras tantas empresas. En el Anexo 15.A adjunto al cuestionario empleado. Con el procedimiento indicado la encuesta era bastante confiable, porque el desarrollo del seminario favorecía la compresión de las preguntas del cuestionario por parte de los participantes.

Más tarde, la revista *Mercado* utilizó dicho cuestionario para una encuesta escrita, que respondieron aproximadamente 400 empresas. Posteriormente, en seminarios que conduje para pymes, organizados por diversas instituciones (de capacitación, bancos, etcétera), utilicé el mismo cuestionario y obtuve unas 200 respuestas más.

En el Anexo 15.B figura una síntesis de los resultados consolidados de dichas encuestas. Para simplificar, en una sola columna se muestra para cada pregunta el porcentaje de respuestas que indicaron: "sí, pero en forma insuficiente" (INS) o "no, pese a que sería conveniente" (NO); o sea, que había un terreno para mejorar. Como puede observarse, los porcentajes más altos de INS + NO (60% más) correspondieron a las preguntas siguientes:

	% DE INS + NO
A. 4 ¿Ha sido la estrategia debidamente comunicada al resto de la organización?	62
C. 15 ¿Se analizan las desviaciones en el logro de los objetivos y se toman las acciones correspondientes?	60
C. 19 ¿Se emplean los siguientes indicadores de desempeño acerca de los recursos humanos y sus percepciones?	67
E. 3 ¿Se brinda al personal la capacitación que necesita?	60
E. 4 ¿Hay un régimen formal de evaluación del personal?	67
F. 5 Los sectores ¿trabajan en equipo entre ellos?	74

CUESTIONARIO SOBRE LOS ATRIBUTOS DE UNA PYME

Nombre y apellido: _____

Fecha: _____

Empresa: _____

Cargo: _____

Este cuestionario contiene una serie de preguntas acerca de ciertos atributos que, en general, debería tener una pyme para favorecer su rentabilidad y crecimiento.

Por favor, conteste dichas preguntas colocando una marca en la columna correspondiente, considerando estas abreviaturas:

ALTERNATIVA	ABREVIA-TURA
1. "No tengo bases sólidas para dar una respuesta al respecto"	NO SÉ
2. "No aplicable - No es pertinente o no es relevante para la organización"	NA
3. "Sí, y en forma satisfactoria"	SÍ
4. "Sí, pero en forma insuficiente"	INS
5. "No, pese a que sería conveniente"	NO

Todas las preguntas tienen las mismas alternativas. Marque *solo una opción* por pregunta. Conteste todas las preguntas, salvo que se le pida dejar en blanco alguna. En caso de duda, elija la alternativa que le parezca más apropiada, aunque no sea totalmente adecuada.

	(1) NO SÉ	(2) NA	(3) SÍ	(4) INS	(5) NO
A. ESTRATEGIA					
1. ¿Se realizan periódicamente reuniones de planeamiento estratégico deliberado? (*)					
2. ¿Contiene la estrategia una definición clara de todos los elementos correspondientes (misión, visión, valores, objetivos y estrategias)?					
3. ¿Todos los miembros de la alta dirección o gerencia comparten la estrategia establecida?					
4. ¿Ha sido la estrategia debidamente comunicada al resto de la organización?					
5. ¿Se está implementando efectivamente la estrategia?					
B. ESTRUCTURA					
1. ¿Cada persona conoce claramente sus responsabilidades y el tipo de relaciones que tiene con los demás (jefe - subordinado, staff, etc.)?					

(*) El proceso de planeamiento estratégico puede ser "emergente" o "deliberado":
- El emergente ocurre en cualquier momento, como parte del trabajo cotidiano, en forma espontánea y dispersa, y su enfoque tiende a ser parcial. Por ejemplo, cierta información novedosa es percibida como una oportunidad adicional que brinda el entorno (análisis estratégico); y para aprovechar la oportunidad se fijan nuevos objetivos y metas, y se formulan las estrategias consecuentes (definiciones estratégicas).
- El deliberado, en cambio, implica dedicar al planeamiento estratégico un período concentrado de tiempo, con un enfoque integral de la organización o unidad, empleando la metodología pertinente. Tal concentración en un período determinado entraña una especie de retiro, para evitar las interrupciones que acarrea la operación, para lo cual suele ser preferible un sitio apartado del lugar de trabajo cotidiano. Este retiro hace que sea necesario organizar la participación de las personas correspondientes.

Ambos tipos de procesos son complementarios y no excluyentes. Una organización debe prestar atención a la estrategia en forma permanente, e ir adaptando el rumbo conforme a las circunstancias. Pero es bueno reforzar el proceso emergente con sesiones periódicas destinadas al proceso deliberado.

	(1) NO SÉ	(2) NA	(3) SÍ	(4) INS	(5) NO
2. ¿Está la estructura alineada con la estrategia?					
3. ¿Favorece la estructura la agilidad de los procesos?					
4. ¿La organización ha demostrado capacidad de transformar la estructura para adaptarla a las nuevas necesidades?					
5. ¿Se han reducido los niveles jerárquicos al mínimo necesario?					
C. PLANEAMIENTO Y CONTROL DE GESTIÓN					
Contabilidad					
– La información contable:					
1. ¿es confiable?					
2. ¿se prepara por áreas de responsabilidad?					
3. ¿cubre todos los aspectos de interés?					
4. ¿tiene la frecuencia necesaria?					
5. ¿se presenta en las oportunidades correspondientes, sin demoras?					
Control presupuestario					
6. ¿Existe un adecuado presupuesto de ingresos, costos y gastos e inversiones?					
7. La información de la contabilidad, ¿es fácilmente comparable con el presupuesto?					
8. ¿Se realiza un buen control presupuestario de las actividades?					
Administración por objetivos					
9. ¿Hay objetivos definidos para todos los sectores importantes de la organización?					
– Los objetivos definidos:					
10. ¿son específicos (cantidad, plazo, etc.)?					
11. ¿se concentran en lo prioritario?					

	(1) NO SÉ	(2) NA	(3) SÍ	(4) INS	(5) NO
12. ¿son desafiantes pero factibles?					
13. ¿son coherentes entre los distintos niveles y sectores?					
14. ¿Se controla el logro real de los objetivos establecidos?					
15. ¿Se analizan las desviaciones en el logro de los objetivos y se toman las acciones correspondientes?					
Indicadores de desempeño – ¿Se emplean los siguientes indicadores de desempeño?:					
16. De tipo monetario para evaluar el desempeño económico / financiero					
17. De productividad de los procesos y de calidad de los productos					
18. Referentes a los clientes, sus necesidades y percepciones					
19. Acerca de los recursos humanos y sus percepciones					
D. SISTEMAS DE INFORMACIÓN / TECNOLOGÍA					
1. ¿Están adecuadamente cubiertas las necesidades actuales en materia de sistemas de información?					
2. ¿Se han previsto las necesidades futuras de información?					
3. ¿Se ha reflexionado sobre cómo generar ventajas competitivas a través de la información?					
4. ¿Hay un plan de trabajo para cubrir las necesidades de información actuales o futuras no cubiertas?					

	(1) NO SÉ	(2) NA	(3) SÍ	(4) INS	(5) NO
E. ADMINISTRACIÓN DE LOS RECURSOS HUMANOS					
Competencias					
1. ¿Están bien cubiertas todas las necesidades importantes de recursos humanos?					
2. ¿Están claramente definidos los requerimientos que debe satisfacer una persona para ocupar cada uno de los puestos claves?					
3. ¿Se brinda al personal la capacitación que necesita?					
Evaluación					
4. ¿Hay un régimen formal de evaluación del personal?					
Si lo hay, conteste las preguntas 6 y 7. Si no lo hay, saltéelas. 5. En la evaluación, ¿se considera el desempeño sobre la base de información integrada con control de gestión?					
6. En la evaluación, ¿se tiene en cuenta el potencial de una persona para asumir mayores responsabilidades (más allá de lo que es el desempeño frente a las responsabilidades actuales)?					
Recompensas					
7. El régimen de recompensas del personal (monetarias y de otro tipo), ¿está integrado con la evaluación del personal?					
F. LIDERAZGO Y COMPORTAMIENTO HUMANO					
1. ¿Está la gente identificada con la organización habiendo desarrollado un sólido sentido de pertenencia a ella?					
2. ¿Está la gente motivada para realizar su tarea y cumplir con los objetivos de la organización?					
3. ¿Existe una buena comunicación?					

	(1) NO SÉ	(2) NA	(3) SÍ	(4) INS	(5) NO
4. Los miembros de los grupos, ¿trabajan en equipo entre ellos?					
5. Los sectores, ¿trabajan en equipo entre ellos?					
6. ¿Se mantiene un mínimo razonable de conflictos?					
7. ¿Existen valores y creencias compartidas entre los miembros de la organización?					
8. El liderazgo gerencial, ¿ejerce su influencia positiva para que la gente se dirija firmemente al logro de los objetivos de la organización?					
G. OPERACIÓN					
– ¿Se ha comprobado que: 1. los procesos operativos tienen la productividad requerida?					
2. los procesos y productos (bienes y servicios) tienen la calidad requerida?					
3. los clientes están satisfechos?					

RESULTADOS DE ENCUESTAS REALIZADAS EMPLEANDO EL CUESTIONARIO SOBRE "LOS ATRIBUTOS DE UNA PYME"

Se trata del cuestionario que figura en el Anexo 15.A.

Respondieron 950 pymes, aproximadamente.

	% DE INS + NO
A. ESTRATEGIA	
1. ¿Se realizan periódicamente reuniones de planeamiento estratégico deliberado?	**(x)**
2. ¿Contiene la estrategia una definición clara de todos los elementos correspondientes (misión, visión, valores, objetivos y estrategias)?	55
3. ¿Todos los miembros de la alta dirección o gerencia comparten la estrategia establecida?	37
4. ¿Ha sido la estrategia debidamente comunicada al resto de la organización?	**62**
5. ¿Se está implementando efectivamente la estrategia?	58
B. ESTRUCTURA	
1. ¿Cada persona conoce claramente sus responsabilidades y el tipo de relaciones que tiene con los demás (jefe - subordinado, staff, etc.)?	45
2. ¿Está la estructura alineada con la estrategia?	**58**
3. ¿Favorece la estructura la agilidad de los procesos?	48
4. ¿La organización ha demostrado capacidad de transformación de la estructura para adaptarla a las nuevas necesidades?	34
5. ¿Se han reducido los niveles jerárquicos al mínimo necesario?	20

(X) Esta pregunta no se incluyó en parte de las encuestas realizadas.

	% DE INS + NO
C. PLANEAMIENTO Y CONTROL DE GESTIÓN	
Contabilidad – La información contable:	
1. ¿es confiable?	33
2. ¿se prepara por áreas de responsabilidad?	44
3. ¿cubre todos los aspectos de interés?	**51**
4. ¿tiene la frecuencia necesaria?	43
5. ¿se presenta en las oportunidades correspondientes, sin demoras?	**51**
Control presupuestario 6. ¿Existe un adecuado presupuesto de ingresos, costos y gastos e inversiones?	50
7. La información de la contabilidad, ¿es fácilmente comparable con el presupuesto?	50
8. ¿Se realiza un buen control presupuestario de las actividades?	**58**
Administración por objetivos 9. ¿Hay objetivos definidos para todos los sectores importantes de la organización?	56
– Los objetivos definidos:	
10. ¿son específicos (cantidad, plazo, etc.)?	54
11. ¿se concentran en lo prioritario?	44
12. ¿son desafiantes pero factibles?	42
13. ¿son coherentes entre los distintos niveles y sectores?	46
14. ¿Se controla el logro real de los objetivos establecidos?	53
15. ¿Se analizan las desviaciones en el logro de los objetivos y se toman las acciones correspondientes?	**60**
Indicadores de desempeño – ¿Se emplean los siguientes indicadores de desempeño?:	
16. De tipo monetario para evaluar el desempeño económico / financiero	39
17. De productividad de los procesos y de calidad de los productos	52
18. Referentes a los clientes, sus necesidades y percepciones	58
19. Acerca de los recursos humanos y sus percepciones	**67**

	% DE INS + NO
D. SISTEMAS DE INFORMACIÓN / TECNOLOGÍA	
1. ¿Están adecuadamente cubiertas las necesidades actuales en materia de sistemas de información?	**54**
2. ¿Se han previsto las necesidades futuras de información?	38
3. ¿Se ha reflexionado sobre cómo generar ventajas competitivas a través de la información?	47
4. ¿Hay un plan de trabajo para cubrir las necesidades de información actuales o futuras no cubiertas?	52
E. ADMINISTRACIÓN DE LOS RECURSOS HUMANOS	
Competencias 1. ¿Están bien cubiertas todas las necesidades importantes de recursos humanos?	54
2. ¿Están claramente definidos los requerimientos que debe satisfacer una persona para ocupar cada uno de los puestos claves?	47
3. ¿Se brinda al personal la capacitación que necesita?	**60**
Evaluación 4. ¿Hay un régimen formal de evaluación de personal?	**67**
Si lo hay, conteste las preguntas 6 y 7. Si no lo hay, saltéelas.	
5. En la evaluación, ¿se considera el desempeño sobre la base de información integrada con control de gestión?	44
6. En la evaluación, ¿se tiene en cuenta el potencial de una persona para asumir mayores responsabilidades (más allá de lo que es el desempeño frente a las responsabilidades actuales)?	35
Recompensas 7. El régimen de recompensas del personal (monetarias y de otro tipo), ¿está integrado con la evaluación del personal?	50
F. LIDERAZGO Y COMPORTAMIENTO HUMANO	
1. ¿Está la gente identificada con la organización habiendo desarrollado un sólido sentido de pertenencia a ella?	43
2. ¿Está la gente motivada para realizar su tarea y cumplir con los objetivos de la organización?	51
3. ¿Existe una buena comunicación?	59
4. Los miembros de los grupos, ¿trabajan en equipo entre ellos?	52

	% DE INS + NO
5. Los sectores, ¿trabajan en equipo entre ellos?	**74**
6. ¿Se mantiene un mínimo razonable de conflictos?	33
7. ¿Existen valores y creencias compartidas entre los miembros de la organización?	34
8. El liderazgo gerencial, ¿ejerce su influencia positiva para que la gente se dirija firmemente al logro de los objetivos de la organización?	41
G. OPERACIÓN	
– ¿Se ha comprobado que: 1. los procesos operativos tienen la productividad requerida?	**59**
2. los procesos y productos (bienes y servicios) tienen la calidad requerida?	47
3. los clientes están satisfechos?	43

BIBLIOGRAFÍA

EN ESPAÑOL

ADIZES, Ichak: *Cómo evitar la incompetencia gerencial.* Diana, 1980 (4a. reimpresión, 1986).

————: *Ciclos de vida de la organización.* Díaz de Santos, 1994.

AGUILAR LÓPEZ, José (Coordinador): *La gestión del cambio.* Ariel, 2003.

BLANCHARD, Kenneth; ZIGARMI, Patricia y ZIGARMI, Drea: *El líder ejecutivo al minuto.* Grijalbo, 1986.

BRIDGES, William: *Dirigiendo el cambio.* Gestión 2000, 2004.

CONGER, Jay A.; SPREITZER, Gretchen M. y LAWLER III, Edward E. (Comps.): *El manual del cambio para líderes.* Paidós, 2000.

CHAN KIM, W. y MAUBORGNE, R.: *La estrategia del océano azul.* Grupo Editorial Norma, 2005.

FIGINI, Alejandra Laura: *La inteligencia emocional aplicada a los recursos humanos* Macchi, 2002.

FRENCH, Wendell L.; BELL J. y Cecil H. Jr.: *Desarrollo organizacional.* Prentice Hall, 1995.

GIMBERT RAFOLS, Xavier: *Pensar estratégicamente - Modelos, conceptos y reflexiones.* Deusto, 2010.

KAPLAN, Robert S. and NORTON, David P.: *The execution premium.* Deusto, 2008.

KOTTER, John P.: *El líder del cambio.* McGraw-Hill, 1997.

————: *Las claves del cambio.* Deusto, 2003.

LAZZATI, Santiago C.: *Competencias, cambio y coaching.* Ediciones Granica, 2015. (Coautores: Matías Tailhade y Mercedes Castronovo.)

————: *Management del cambio y del desempeño.* Macchi, 2000.

————: *Gerencia y liderazgo.* Macchi, 2003. (Coautor: Edgardo Sanguineti.)

————: *El cambio del comportamiento en el trabajo.* Ediciones Granica, 2008.

————: *La toma de decisiones.* Ediciones Granica, 2013.

————: *Las conversaciones de trabajo.* Ediciones Granica, 2014.

MENCKEN, H. L.: *Prontuario de la estupidez y los prejuicios humanos.* Ediciones Granica, 1972.

MINTZBERG, Henry: *La naturaleza del trabajo directivo*. Ariel Económica, 1991.

NADLER, David y TUSHMAN, Michael: *El diseño de la organización como arma competitiva*. Oxford, 1999.

SAVATER, F.: *La vida eterna*. Ariel, 2007.

SCHEIN, Edgar H.: *Consultoría de procesos* - Volumen I. Addison Wesley, 1990.

————: *Consultoría de procesos* - Volumen II. Addison Wesley, 1988.

SIMONS, Robert: *Las claves de las organizaciones de alto rendimiento*. Deusto, 2006.

————: *Las palancas de control*. Temas, 1998.

EN INGLÉS

CHARAN, Ram DROTTER, Steve and NOEL, Jim: *The leadership pipeline*. John Wiley & Sons, 2011.

CONNORS, Roger and SMITH, Tom: *Change the culture, change the game*. Portfolio/Penguin, 2011.

CRAINER, Stuart and DEARLOVE, Des: *Leadership*. McGraw-Hill, 2014.

————: *Management*. McGraw-Hill, 2014.

————: *Strategy*. McGraw-Hill, 2014.

KAPLAN, Robert S. and KAISER, Robert B.: *Fear your strengths*. Berrett-Koehler, 2013.

ACERCA DEL AUTOR

SANTIAGO C. LAZZATI
santiago@lazzati.com.ar

- Socio Director de LAZZATI - CONSULTORES Y FORMADORES.

- De 2010 a 2013 fue miembro externo del Comité de Auditoría de la "International Criminal Court", sita en La Haya, Holanda.

- Contador Público Nacional, egresado de la Universidad de Buenos Aires.

- Especialista en temas de management y comportamiento humano.

- Experto reconocido mundialmente en el tema de Contabilidad e inflación.

- Autor de dieciocho libros y múltiples artículos sobre administración de empresas.

- Director de la carrera de Licenciatura en Administración y Gestión Empresarial de la Escuela de Economía y Negocios de la Universidad Nacional de San Martín. Profesor emérito de la Facultad de Ciencias Económicas de la Universidad Católica Argentina. Profesor invitado de otras Universidades e instituciones de posgrado.

- Conductor de seminarios y conferencias en muchos países de América y Europa.

  - Brasil
  - Chile
  - Colombia
  - Ecuador
  - México
  - Perú
  - Uruguay
  - Venezuela
  - Estados Unidos de América
  - Alemania
  - Bélgica
  - España
  - Francia
  - Inglaterra
  - Italia
  - Portugal
  - Suecia
  - Suiza
  - Turquía

www.ingramcontent.com/pod-product-compliance
Lightning Source LLC
Chambersburg PA
CBHW070514200326
41519CB00013B/2803